BLACK SWAN 黑天鹅图书

为 人 生 提 供 领 跑 世 界 的 力 量

BLACK SWAN

巴菲特致股东的信

{修订版}

〔美〕沃伦·巴菲特
〔美〕查理·芒格________著
〔美〕劳伦斯·坎宁安________编
路本福________译

北京联合出版公司
Beijing United Publishing Co.,Ltd.

图书在版编目（CIP）数据

巴菲特致股东的信：权威修订版 / （美）沃伦·巴菲特，（美）查理·芒格著；（美）劳伦斯·坎宁安编；路本福译. —北京：北京联合出版公司，2017.11（2023.12重印）
ISBN 978-7-5596-0420-0

Ⅰ. ①巴… Ⅱ. ①沃… ②查… ③劳… ④路… Ⅲ. ①股份有限公司—企业管理 Ⅳ. ①F276.6

中国版本图书馆CIP数据核字（2017）第097424号

版权合同登记号 图字：01-2017-3433

巴菲特致股东的信：权威修订版

作　　者：（美）沃伦·巴菲特　查理·芒格
编　　者：（美）劳伦斯·坎宁安
译　　者：路本福
责任编辑：夏应鹏

北京联合出版公司出版
（北京市西城区德外大街83号楼9层　100088）
河北鹏润印刷有限公司印刷　新华书店经销
字数110千字　700毫米×980毫米　1/16　印张12.25
2017年11月第1版　2023年12月第12次印刷
ISBN 978-7-5596-0420-0
定价：48.00元

“任何人对真理或智慧都没有独断的权利，我们必须彼此聆听方能进步。”

——埃琳娜·卡根

“交谈是对话，而非独白。”

——杜鲁门·卡波特

“告诉我，我会忘记；教给我，我可能记住；让我参与，我才能学会。”

——本杰明·富兰克林

目　录

序言

1996年，围绕巴菲特写给股东的信在纽约市召开了一场专题研讨会，沃伦·巴菲特、查理·芒格以及其他嘉宾参加了研讨，整个过程不断迸发出智慧的火花。当时，《巴菲特致股东的信——股份公司教程》一书还只是一份手稿，也很少有人猜到它会成为全球畅销书。公司治理专家艾拉·米尔斯坦（Ira Millstein）宣称："董事会必须为收购行为制订战略规划。"巴菲特则反驳说："多数愚蠢的收购行为都是在战略规划的名义下完成的。"当我和一名同事承认已把现代金融理论纳入了教学范畴时，芒格斥责我们是在传播"废话"，不过他很快补充说，"我喜欢这两个家伙"。

为期两天的会议是在10月的一个周日开始的，纽约扬基队在前一天刚刚赢得当年世界大赛的冠军。我们在会上就有关公司的诸多问题进行了深入探讨，很多话题时至今日依然是股东、董事、高管、法官和学者们争论的热点。我的一位老朋友彼得·贝弗林（Peter Bevelin）最近问起那场研讨会，于是我又翻出了当时的录像带。我都20多年没看过这些带子了，当会议的一幕幕再次映入眼帘时，我无比惊讶地发现，即便在今天看来，当时探讨的很多问题也至关重要。任时光飞逝，岁月改变，有些事物依旧如初。

对巴菲特而言，从1956年开始，改变与延续就成了人生不变的主题。当时的巴菲特才26岁，这位投资奇才成立了一家有限合伙公司，专注于收购小企业和大公司的股份。1965年，这家公司接管了伯克希尔·哈撒韦，一家日薄西山的上市纺织公司。巴菲特有限合伙公司不久就解散了，巴菲特把伯克希尔的股票分给了公司的合伙人，而芒格正是他最大的合伙人。随后伯克希尔开始在多个领域买入股票，包括保险业、制造业和零售业。

在巴菲特和芒格的领导下，伯克希尔经历了两次大的转型。首先是从一家濒临破产的纺织公司转型为一家成功的投资企业，时间是在1996年，当时伯克希尔的资产组成为：80%来自有价证券，20%来自自营公司。从1996年开始，伯克希尔开始了第二次转型，变身为一个大型的多元化投资集团。伯克希尔现在的资产组成为：80%来自自营公司，20%来自有价证券，而后者的市值超过1000亿美元。

伯克希尔公司的业绩可谓出类拔萃：截至2015年，公司的绩效远远超过了公认的标准，比如道琼斯工业平均指数或标准普尔500指数。从1965年到2015年，道琼斯指数上涨了18倍，但伯克希尔的股价同期上涨了12000倍，年均复合增长率高达21%，是标普500指数的两倍。

尽管从合伙制转为了公司制，但巴菲特保留了伯克希尔的合伙人意识。这一点在伯克希尔的《股东手册》中有所体现。这本小册子共计15条，其中第一条即是："虽然组织形式上是公司制，但我们以合伙制的态度来行事。"2015年，芒格第一次提出了"伯克希尔系统"这个概念，该系统与美国其他大型上市公司通行的做法可谓大相径庭。

巴菲特对诸多与公司有关的话题持有自己的看法，这些看法往往不循常规，这也是他的公司和著作多年来都备受关注的原因所在。就公司治理而言，伯克希尔强调的是信任，而非控制；就合并而言，巴菲特倾向于让股东们去做最终的决定，而非董事会；就公司理财而言，他规避举债投资，而且把一大批忠实的拥趸吸引到价值投资领域；就会计与纳税而言，他引发了从股票期权到合并会计的诸多争论。此外，他还通过一个著名的例子引发了公众对不平等现象的关注——巴菲特宣称他的实际纳税税率竟然比他秘书的还低。

巴菲特的著作主要就是他写给伯克希尔股东们的信，1996年的研讨会就是以这些信件为核心展开的。我仔细浏览了这些信件，然后按主题对它们重新进行了排序，装订成一个150页的小册子作为会议资料发给了大家：治理、投资、收购、会计、纳税。在整个研讨会期间，针对每个主题进行了小组讨论，持续时间超过12个小时。

不久以后，我把研讨会的资料编辑出一个正式的版本，并据此出版了一本长达800页的学术著作，具体包括18篇文章和一份100页的文字整理稿。在其后的20多年里，其中的数篇文章都成为相应领域的经典之作；与此同时，我也定期对《巴菲特致股东的信——股份公司教程》一书进行必要的更新，这本书已被翻译成十多种语言在世界各地出版。

我邀请了巴菲特参加研讨会，并主动表示希望能够重新整理出版他的那些信件，因为我的研究表明它们具有极高的价值，但在现实中却未得到应有的重视。很荣幸，他接受了我的邀请和提议。他花了两天的时间跟一大群人分享和交流，其中很多是我的学生，此外，还包括十几位受邀在分组讨论时发言的商学院教授。这些人中还包括我的老师埃利奥特·韦斯（Elliott Weiss）教授，正是在他的指引下我才第一次接触到巴菲特的信件。他跟巴菲特十多年前就已是亲密的战友，他们曾共同推动一个旨在改善美国上市公司信息披露状况的项目。

伯克希尔那边也有很多声名显赫的人物参加了研讨会，其中包括巴菲特的妻子苏珊和儿子霍华德，他们的朋友、巴菲特信件的编辑卡罗尔·卢米斯（Carol Loomis），他们的朋友、后来担任伯克希尔董事的桑迪·戈特斯曼（Sandy Gottesman）及夫人鲁斯（阿尔伯特·爱因斯坦医学院教授），巴菲特的私人律师乔治·吉莱斯皮（George Gillespie）和伯克希尔的律师鲍勃·德纳姆（Bob Denham），伯克希尔公司的高管阿吉特·贾因（Ajit Jain）和卢·辛普森（Lou Simpson），以及伯克希尔的长期股东和忠实信徒克里斯·斯塔夫鲁（Chris Stavrou）。两个小组讨论的主持人也都是大名鼎鼎的人物：伯克希尔的长期股东、超市总公司（Supermarkets General Corporation）前总裁、美国哥伦比亚大学教授、《巴菲特传》的作者罗杰·洛温斯坦的父亲路易斯·洛温斯坦（Louis Lowenstein）和知名律师、全美公司董事协会（NACD）领导人艾拉·米尔斯坦。

现场的150名听众中也不乏知名人士，比如：比尔·阿克曼（Bill Ackman）、布鲁斯·伯克维茨（Bruce Berkowitz）和保罗·希拉尔（Paul Hilal），他们三位后来都成了杰出的投资人；奥蒂斯·比洛多（Otis Bilodeau），当时还是我在乔治·华盛顿大学的一名学生，后来成了彭博电视台的全球执行编辑；杰克·雅各布（Jack Jacobs），当时他还在特拉华州大法官法院工作，后来成了特拉华州最高法院的法官；马乔里·诺尔斯（Marjorie Knowles），美国教师退休基金会的一名官员；鲍勃·芒德海姆（Bob Mundheim），1991年华尔街投资银行所罗门兄弟公司因债券交易丑闻遭政府监管部门大规模调查时，巴菲特曾临时出任过所罗门兄弟公司主席，当时鲍勃·芒德海姆是巴菲特亲自选定的几位高管之一。

我们的讨论非常热烈，现把每个小组讨论的要点简述如下，权当在大家享用后面的饕餮大餐之前上的一道开胃小菜吧。当然了，你也可以直奔自己最感兴趣的主题。

公司治理

传统上，上市公司的首席执行官们都手握大权，而董事会倾向于强化这种权力，而不是予以牵制。到了20世纪70年代后期，这种模式发生了改变。1977年，美国《反海外腐败法》（FCPA）颁布，要求董事会承担更多的监管职责。20世纪90年代出台的《联邦组织体量刑指南》（1991年版）则对采取正式监管制度的公司赞赏有加。

到了研讨会召开的1996年，此类规章制度已迫使董事会去承担一个新的角色，这个角色的任务焦点就是监管。这意味着独立董事们——通常是一位强有力的非执行董事长或者首席董事外加多个强大的委员会——要对复杂的内部控制体系进行监督指导。从1996年开始，相关法律已强制要求必须对上市公司采取监管模式，比如2002年的《萨班斯-奥克斯利法案》（*Sarbanes-Oxley Act*）和2010年的《多德-弗兰克法案》（*Dodd-Frank Act*）。

此类改革对所有上市公司都一视同仁，极少有例外情况，也不会考虑公司的特色，比如所有者状况、企业文化、管理架构或者其他治理结构的设计特点。可是，这些改革显然忽略了公司治理结构的类型差异。巴菲特曾就此发表过著名的观点，他认为**公司治理结构可以分为三种类型**，而每种类型对董事会扮演的角色都有不同的要求。**第一种：**有控股股东且控股股东也是公司经理，伯克希尔到目前为止一直都是这种模式。**第二种：**有控股股东但控股股东不是公司经理，巴菲特谢幕后的伯克希尔会是这种模式。**第三种：**没有控股股东，巴菲特离开后，如果他的继承人在未来的几十年里把他的所有股份出售，那伯克希尔就会变成这种模式。

虽然改革和监管从1977年到2010年横扫美国上市公司，但伯克希尔并没有设立监督委员会，相反，咨询委员会倒是常设机构。巴菲特的主导地位赋予了他极大的权力，他完全可以从一开始就提名和选择伯克希尔的董事会成员。伯克希尔董事会的特点跟现今主流上市公司的董事会截然不同。在最初的十几年里，董事会成员包括巴菲特的妻子和好友，1993年起他的儿子也加入了董事会。咨询委员会的成员则不定期会面，他们几乎不承担什么监督职能。

沃伦·巴菲特在研讨会上

如今，伯克希尔董事会也会遵循法律要求设立各种委员会，拥有必要的独立性和专业知识。不过，这些设计和标签的象征意义大于实际意义。所有董事都跟巴菲特有密切的私人和职业关系，而且都是他一手挑选出来的，比如说，巴菲特遗嘱的首要受益人比尔·盖茨（经由比尔及梅琳达·盖茨基金会）、老朋友桑迪·戈特斯曼，以及首席外部法律顾问罗恩·奥尔森（Ron Olson）。此外，一半的董事会成员年龄超过65岁，大部分人为伯克希尔服务的时间都在十年以上。如果遵照公司治理大师们设定的年龄限制和任期限制，他们都得被迫离开董事会。

伯克希尔母公司最主要的活动就是**积聚和分配资本**，形式通常就是大手笔的收购。在绝大多数公司里，可能是由首席执行官先拟定一个大体的收购方案，然后提请董事会批准。正如艾拉·米尔斯坦在研讨会上所言，大多数董事会都会采纳一些战略规划并监督其付诸实施，但巴菲特回应说，**伯克希尔从未拟订过战略规划**。由于没有规划，所以巴菲特可以在第一时间为伯克希尔抓住机会。相反，如果需要董事会讨论后才能做出决策，很可能会跟机会失之交臂。

巴菲特会跟董事会分享他的收购哲学，也可能就大额交易提前跟董事会讨论，但这种讨论基本停留在概念层面，董事会不会参与任何收购对象的价值评估、组织架构设计或者资金拨付。通常情况下，在消息正式公开之前，董事会根本不知道有收购这回事儿。所有前期工作、所有讨论和谈判过程都严格保密，顶多也就伯克希尔内部的几个人知道，当然芒格通常是其中之一。

伯克希尔的董事会通常每年召开两次，而不是像其他财富500强公司那样一年召开8～12次。每次开会之前，董事们都会收到伯克希尔的内部审计团队出具的一份报告。伯克希尔的春季董事会刚好跟每年的股东大会重合。董事们要在公司位于奥马哈的总部待上几天，参加一些社交活动，见见伯克希尔的管理人员、各个子公司的经理人以及前来参会的股东们。秋季董事会会在奥马哈或者公司的某个子公司的总部召开，董事们通常有机会见到伯克希尔某个或某几个子公司的首席执行官。某个或某几个首席执行官会做现场汇报，同时跟董事们以及业务单元的负责人交换意见。

用苏珊·德克尔（Susan Decker）董事的话说，伯克希尔召开董事会更像是为了“灌输一种文化”，具体的事情很可能是在会议室之外探讨的。犬儒主义者可能会说，这样一种环境会带来结构性的偏见，而且会弱化董事们的独立判断能力，提倡公司治理的人士近十几年来一直在宣扬这种能力的重要性。此外，这种董事会并非完美无瑕，尽管在巴菲特的领导下公司的净收益显著增长，但他手中无上的权力也的确造成了几次不容忽视的收购错误。再者，伯克希尔文化的浸淫让公司治理结构变得非常扁平化，它让董事们始终站在股东们的角度上考虑问题。不管公司治理大师怎么说，这就是他们的最佳位置。

查理·芒格（做手势者）和霍华德·巴菲特在研讨会上

金融与投资

巴菲特一直被誉为“关系型”投资人，与会者花了一些时间探讨这个概念的含义。巴菲特从未把自己称为关系型投资人，而且他也不认可这个概念。事实上，这个概念在20世纪90年代比较流行，后来被“股东激进主义”一词遮蔽了光芒，因为“股东激进主义”这一概念更强有力，含义也更为宽泛。

另一方面，伯克希尔及其股东看起来就是一个基于关系的投资联合体，他们信奉的是巴菲特创设并不断提及的合伙概念。在研讨会上，有评论家表示：“巴菲特一直声称**他和所有股东都是伯克希尔的合伙人**，这种说法是具有法律约束力的，这意味着他要对公司的其他所有人承担更多的诚信义务，因为他们之间不仅仅是公司董事和股东的关系。”巴菲特回应说他愿意。由此可见，尽管伯克希尔并不是通常意义上的关系型投资的典型代表，但它的这种模式意义更为深远，因为公司的长期收益与公司对股东的忠诚度密切相关。

20世纪90年代中期对于现代金融理论而言也是一个拐点，这种理论认为股票市场是有效的，价格的波动是衡量风险的基本标准。伯克希尔模式彻底打破了学术界的观点，同时也让投资界和企业界的很多人难以理解。不过，巴菲特也不认为任何投资人都可以通过系统化的运作跑赢股市，即便无数的参与者能够快速消化各种信息，也无法确保把股价推到一个最佳的估值上。这无疑在说巴菲特是一个异类，现代金融理论的忠实信徒们甚至会不屑地说巴菲特只是比较幸运罢了。在研讨会上，围绕现代金融理论的讨论基本以冷嘲热讽为主，虽然也有几位情绪激昂的拥护者，但基本都被嗤之以鼻。用芒格的话说，现代金融理论简直就是“莫名其妙”“纯属瞎扯”。

不仅巴菲特和伯克希尔跟传统思维格格不入，伯克希尔的其他股东也堪称异类。通常来说，大型上市公司70%～80%的股票都控制在机构投资者手里，公司的各种决策都是由特定的委员会基于金融模型做出的，进行股票交易的原因很可能与公司本身无关。但在伯克希尔，情况就不一样了，**公司的大部分股票都由个人和家族持有**，他们的投资决策是基于伯克希尔的具体特点做出的。

伯克希尔的股东通常会长期持有公司的股票，在过去的十年里，股票的换手率竟然不到1%。要知道，对于大型企业集团、大型保险公司或者被伯克希尔收购前的上市子公司来说，3%、4%或者5%的换手率是比较正常的。巴菲特在研讨会上表示，目前伯克希尔的股票价格为每股30000美元，但其中90%是在每股100美元时买入的，这意味着它们已被持有二三十年了。

研讨会上也提到了伯克希尔的分红政策。除了在1969年发放过很少的红利外，伯克希尔再没给股东们分过红。巴菲特对这种分红政策做过很多次解释，大意就是要把所有收益都留存下来，直到收益中的每一美元都至少转化为一美元的市场价值。伯克希尔曾在

1984年做过一次股东调查（2014年又做过一次），调查的结果高度一致：90%以上的股东全心全意拥护公司的分红政策。到了1996年，伯克希尔的股价已攀升到每股30000美元，有些股东有现金需求或者想把股票作为礼物送给他人，他们表示希望公司能发行低价股票。此时伯克希尔的卓越表现已人尽皆知，还未成为公司股东的人也希望能以可承受的价格变成伯克希尔的股东。

受此启发，两位金融家在1996年设计出一种投资工具，来满足这些需求。他们建议成立信托基金去购买昂贵的伯克希尔股票，然后将其拆分为零星股权发售，每股交易价格仅为500美元。为了消除这些信托基金的吸引力，同时消除对方借机收取手续费的企图，伯克希尔创设了二级股票体系，其中的B股只有部分投票权和经济权益，交易价格大约为每股1000美元。这一举动在研讨会上被称为“**巧妙的设计**”，它让伯克希尔现有股东手中的股票增强了流动性，因为A股可以转化为价格相对低廉的B股，而且还无须纳税。

合并与收购

从1996年往后，伯克希尔的重大收购举动屈指可数。巴菲特涉足的合并基本只考虑两类公司：伯克希尔拥有股份的公司；巴菲特本人在其中担任董事的公司，比如吉列公司和所罗门兄弟公司。从这个角度出发，他们最关心的只有一点，那就是**确保董事会不会对股东横加干涉**，股东有权为所持的股票获得最大的价值，并能够自由地把握此类机会。

最根本的问题始终不变：收购方在收购目标公司时给出的溢价是太高了，还是捡了个大便宜？就不受欢迎的提议而言，董事会的反应在多大程度上会受到企业文化的影响？这些影响又是如何发挥作用的？最重要的是，当时的收购高手、现今的股东激进主义者带来的到底是增值还是减值？他们到底是骗子、傻瓜，还是有智慧、有远见之人？这才是始终要问的问题。

在20年间，巴菲特逐渐辞去了他在各个董事会担任的职位，伯克希尔的投资策略也发生了巨大的改变，从只占有少数股权完全变为合并或者收购公司。从1996年起，伯克希尔豪掷近1700亿美元收购了大约40家公司，这种大手笔无疑让此前的那些小打小闹相形见绌。虽然巴菲特在一些话题上的立场始终未变——倾向于让股东做出选择、预期价格和价值之间存在差距、认可公司的文化、不喜欢恶意竞购和公开的激进主义，但伯克希尔扮演的角色的确跟从前大不相同了。

巴菲特缔造了一个大型企业集团，但无论是1996年的收购高手还是后来的股东激进主义者，都不想看到这样的企业集团存在。老牌的杠杆收购天王KKR早期就发起过不少旨在拆分大型企业集团的运动，他们的做法跟卡尔·伊坎（Carl Icahn）、尼尔森·佩尔茨（Nelson Peltz）现今的做法可谓大同小异。但无论是过去还是现在，巴菲特和伯克希尔都对大型企业集团的模式情有独钟——1986年以“白衣骑士”交易的方式拯救斯科特·费策尔（Scott Fetzer）集团，2006年已把伯克希尔打造成一个巨型的美国上市公司。

从1996年起，巴菲特就确定要为伯克希尔打造一种独特的企业文化，这种文化以信任为基础，在其后的20多年里，他的确做到了。在大部分公司里，尤其是大型企业集团，企业的任务通常都比较集中，会有部门主管和小部门主管（中层管理人员），会有汇报层级，会有与预算、人员相关的制度体系和错综复杂的流程体系。**这种组织架构意在有效监督，但实际上却会带来大量的成本增加**。

相反，伯克希尔认为这样的组织架构太官僚化，所以仅在内部保留了一个基本的审计部门，而把这些所谓的企业要素以及其他内部事项都转交给各个子公司负责。总部办公费用在伯克希尔上的几乎可以忽略不计，因为总部只有二十几个人，工作的核心就是财务报告和审计。每个子公司都保留自己的预算、运营和人力资源制度及流程——当然也都会设置一些传统的部门，比如会计部、合规部、人力资源部、法务部、市场营销部、技术部等。

伯克希尔只会收购拥有强大高管团队的公司，然后充分信任和尊重他们，只在非常有限的范围内进行必要的监管。所有日常决策都由高管们自行做出：广告预算、产品特色和环境质量、产品组合和定价。此外，人员招聘、销售规划、库存管理和应收账款管理也都是高管们说了算。

即便是资深岗位的继任者问题，包括首席执行官这种岗位，伯克希尔也都遵从子公司的选择。伯克希尔很少在不同的子公司之间进行业务转移，也几乎不会让经理们轮岗流动。**伯克希尔没有退休政策**，很多高级管理人员都会工作到70岁或者80岁高龄。伯克希尔的文化就是要设计出一个永恒的家园，这个家园具有强大的包容性，各种高度自治、自力更生的业务都融入其中，精打细算，兴旺繁荣。

拉里·坎宁安（Larry Cunningham）和查理·芒格在茶歇时交谈

会计与纳税

众所周知，巴菲特在年报中会详细阐述会计问题，而且经常会超出正式的会计准则或证券法要求或关注的范畴，他会呈现很多内容，做出详尽的解释。在研讨会上，巴菲特的这个习惯也引发了有关信息披露的讨论——到底哪种方式才是对股东更有利的？仅仅是依照相关的要求披露信息，还是大胆给出高层管理者更广泛的观点？在1996年时，虽然合并会计的现代替代方式备受关注——联营或并购，但有关更广泛话题的讨论依然非常热烈，这是因为用于规范非美国通用会计准则（non-GAAP）信息披露的规则发生了改变，即便投资者要求提供额外的非美国通用会计准则信息，也要进行严格规范。

2011年，巴菲特在《纽约时报》的一篇专栏文章中提及收入不平等的问题，声称他的秘书纳税的税率比他还高。无独有偶，芒格在1996年的研讨会上也强调了所得税的公平性问题。其实，每当谈到税收政策，一定会谈及公平性和合理性，无论谈的是所得税本身还是诸多富有争议性的企业税制问题。在研讨会上，有关纳税的问题屡被提及，其中包括最基本的问题，比如个人和企业适用的税率，也包括影响企业分红政策的税收激励措施，以及高管薪酬的支付方式和数额。

有关税收政策的讨论总会引发出一个问题：企业想方设法少纳税或不纳税是否符合道德规范？举例来说，伯克希尔的企业集团架构使得它可以在内部进行现金配置，通过把现金投放到能够带来最大回报的业务上，实现增量资本的效益最大化——这个过程并不会产生所得税。有些子公司会产生可以抵扣的税额，虽然它自己无法使用，但却可以为其他子公司所用。伯克希尔曾支持美国跨国公司通过“企业倒转”（corporate inversion）的方式把自己变成非美国公司，比如美国连锁餐厅汉堡王通过跟蒂姆·霍顿斯（Tim Hortons）合并将总部搬到了加拿大的安大略省。这些都是研讨会上永恒的话题，我们整理的脚本能够为此类研讨持续贡献价值。

*****

1996年的研讨会上讨论的内容跟伯克希尔年度股东大会上的议题非常类似，只不过两者的形式大不相同。我第一次参加伯克希尔股东大会是在1997年的春季，当时参会人数达到了破纪录的7500人——此前巴菲特就警告我说会“人山人海”的。2015年我第二次参加伯克希尔股东大会，那一次的参会人数达到了4万人（我们把

1996年研讨会的人数限定为150人）。

伯克希尔股东大会是一场没有事先排练，也没有设计编排的盛事，巴菲特和芒格会拿出一整天的时间回答股东们提出的各种问题，同时尽情享用可口可乐和喜诗花生脆糖。但在我们的研讨会上，伯克希尔的两位灵魂人物更多的时间是在提出问题，而不是回答问题，更像是一场你来我往的对话。不过，我们也为大家准备了可口可乐和喜诗糖果。

劳伦斯·坎宁安

2016年春于纽约

编者的话

除了序言中提供的背景信息外，编辑后的脚本增加了注释，我们邀请了很多嘉宾针对特定的内容发表评论。这些嘉宾包括著名投资人以及研究伯克希尔和巴菲特的专家，他们中的许多人也参加了1996年的研讨会，比如黛博拉・德莫特（Deborah DeMott）、罗伯特・哈格斯特朗（Robert Hagstrom）、保罗・希拉尔、马克・休斯（Mark Hughes）、埃德・基奇（Ed Kitch）、戴尔・奥斯特勒（Dale Oesterle）、沙恩・帕里什（Shane Parrish），以及吉姆・里佩蒂（Jim Repetti）。

虽然从录像带转出来的文字本身就充满了幽默感，但脚本中还是对出现笑声的地方进行了标注。对话的绝大部分内容在录像带和相应的脚本中都有所体现，但也有个别带子的内容稍有缺失。

书中的文字与原始脚本在风格上也略有差异，虽然没用省略号或者其他标点符号表示，但的确省略了一些材料；删掉的内容包括冗长的表述，比如跨段的内容和印刷出来毫无意义的内容——口头禅、混乱不清的表述、过于啰唆的表达，以及没有实际意义的连接词。

书中的大部分照片都是在研讨会上拍摄的，部分来自编辑和其他嘉宾，但绝大部分都是由纽约叶史瓦大学本杰明N.卡多佐法学院的通信办公室慷慨提供的，1996年的研讨会就是在这所法学院的塞缪尔与罗尼·海曼公司治理中心举办的，当时我是该中心的主任。

最后，感谢所有浏览过这个注释版并发表高见的朋友和同事，包括前面列举的人员以及比尔·阿克曼、彼得·贝弗林、杰夫·戈登（Jeff Gordon）、桑迪·戈特斯曼、史蒂夫·基廷（Steve Keating）、安迪·基尔帕特里克（Andy Kilpatrick）。我还要特别感谢沃伦·巴菲特一直给予我巨大的支持，感谢他对这个脚本的关注和认可。最重要的是，我要感谢我的妻子斯蒂芬妮·库巴（Stephanie Cuba），感谢她带给我的一切，特别是我们的两个宝贝女儿丽贝卡和萨拉。

劳伦斯·坎宁安

沃伦·巴菲特、苏珊·巴菲特、乔治·吉莱斯皮（George Gillespie）

桑迪·戈特斯曼、阿吉特·贾因、卡罗尔·卢米斯

拉里·坎宁安、沃伦·巴菲特、大卫·鲁登斯坦（David Rudenstine）

卡罗尔·卢米斯、沃伦·巴菲特、霍华德·巴菲特、桑迪·戈特斯曼、阿吉特·贾因

苏珊·巴菲特、沃伦·巴菲特、查理·芒格、霍华德·巴菲特

沃伦·巴菲特

致谢名单

威廉·阿克曼（Ackman, William）（激进投资人，对冲基金潘兴广场资本创始人兼首席执行官）

威廉·W. 巴顿（Bratton, William W.）（宾夕法尼亚大学教授）

沃伦·E. 巴菲特（Buffett, Warren E.）（伯克希尔·哈撒韦公司）

劳伦斯·A. 坎宁安（Cunningham, Lawrence A.）（乔治·华盛顿大学教授）

鲍勃·E. 德纳姆（Denham, Robert E.）（芒格·托雷斯·奥尔森律师事务所合伙人）

黛博拉·A. 德莫特（DeMott, Deborah A.）（杜克大学教授）

麦尔文·A. 艾森伯格（Eisenberg, Melvin A.）（加州大学伯克利分校教授）

吉尔·E. 费斯（Fisch, Jill E.）（宾夕法尼亚大学教授）

杰弗里·N. 戈登（Gorden, Jeffrey N.）（哥伦比亚大学教授）

罗伯特·哈格斯特朗（Hagstrom, Robert）（投资人和作家）

罗伯特·H. 汉密尔顿（Hamilton, Robert H.）（得克萨斯大学教授）

保罗·希拉尔（Hilal, Paul）（激进投资人，曾在潘兴广场资本任职）

小詹姆斯·P. 霍尔德克罗夫特（Holdcroft, James P., Jr.）（银行高管）

卡尔文·H. 约翰逊（Johnson, Calvin H.）（得克萨斯大学教授）

埃德蒙·A. 基奇（Kitch, Edmund A.）（弗吉尼亚大学教授）

威廉·克莱恩（Klein, William）（加州大学洛杉矶分校名誉教授）

马乔里·诺尔斯（Knowles, Marjorie）（美国教师退休基金会，佐治亚州立大学）

路易斯·洛温斯坦（Lowenstein, Louis）（哥伦比亚大学已故教授）

乔纳森·R. 梅西（Macey, Jonathan R.）（耶鲁大学教授）

艾拉·M. 米尔斯坦（Millstein, Ira M.）（威嘉律师事务所合伙人）

罗伯特·芒德海姆（Mundheim, Robert）（谢尔曼·思特灵律师事务所合伙人）

查理·T. 芒格（Munger, Charles T.）（伯克希尔·哈撒韦公司）

戴尔·阿瑟·奥斯特勒（Oesterle, Dale Arthur）（俄亥俄州立大学教授）

J. 布拉德伯里·里德（Reed, J. Bradbury）（巴斯–贝里–西姆斯律师事务所已故合伙人）

詹姆斯·R. 里佩蒂（Repetti, James R.）（波士顿学院教授）

大卫·鲁登斯坦（Rudenstine, David）（卡多佐法学院前院长）

路易斯·辛普森（Simpson, Louis）（政府雇员保险公司退休高管）

林恩·A. 斯托特（Stout, Lynn A.）（康奈尔大学教授）

埃利奥特·J. 韦斯（Weiss, Elliott J.）（亚利桑那大学教授）

查尔斯·M. 雅布隆（Yablon, Charles M.）（卡多佐法学院教授）

注：括号内均为当前或最近任职公司/机构

大卫·鲁登斯坦院长致欢迎辞

1996年10月27日

大家好，欢迎来到卡多佐法学院。今年恰逢卡多佐成立20周年，就一所学院而言，这并不是一段很长的历史，如果你把它跟哈佛大学、耶鲁大学、牛津大学或者纽约时装学院相比的话，虽然乳臭未干，但我们的故事并不平凡。卡多佐向来都是一个重要的中心，在教、学和奖学金等方面都树立了不错的口碑。今天的研讨会既是一个明证，也是一次增光添彩之举。

如果不首先提一下扬基队昨晚取得的辉煌战绩就一头扎进《巴菲特致股东的信》中，好像不太合适。不管怎么说，巴菲特和扬基队至少有一个共同点，他们在各自的领域都居于主导地位。昨晚是扬基队18年来第一次赢得世界大赛的冠军。我年轻的时候，他们可是常胜之队啊。不过我不太记得他们1947年夺冠的情形了，因为当时我才5岁。但到了1949年，我已经成了扬基队的铁杆球迷，在20

世纪50年代初期，在他们迈向辉煌的征途上，赛场上的每次投球和每次击球都撩拨着我的心弦。

大家都知道，在那些高奏凯歌的赛季，卡西·史丹格尔是扬基队的经理。和沃伦·巴菲特一样，史丹格尔也备受关注，因为他和巴菲特先生一样，也是个赢家。无论你在什么时候查看球队的排名，他的扬基队总是位列前茅，常年如此。不过，跟巴菲特先生不同，史丹格尔先生没有写信，没有给扬基队的老板们、球员们或者球迷们写信。可是，他也有很多话要说。在拿出两天的时间认真思考巴菲特先生在过去很多年写给股东们的信之前，我觉得可以先有个序曲，或许可以先引述一下史丹格尔先生说过的那些名言。

昨晚的比赛验证了史丹格尔曾经说过的一句话："好的投球总能阻止好的击球，反之亦然。"说到戒酒能否帮助球员们有更佳的表现，史丹格尔说："除非他们本来就能打好，否则就没什么帮助。"说到要坚决果断，这也是投资人必备的性格，史丹格尔说："我已经下定了决心，但也做好了两手准备。"有人说他很幸运，所以才成了一名成功的经理人——我想巴菲特先生应该也听过类似的言论，对此史丹格尔回应说："运气都是靠自己挣来的，有些人一辈子都不会走运。"最后，谈到他的未来，史丹格尔在1965年春天是这么说的："我怎么知道未来会怎样，很多跟我同龄的人都已经死了。"

组织一场会议可不容易，必须得有创意、有规划，还得耗费大量的时间去做组织协调工作，当然还得有资金来源。今天的研讨会也不例外。拉里·坎宁安教授既是这场会议的构思者，也是组织者。我们都得衷心感谢他，谢谢你，拉里。我们还应该感谢《卡多佐法律评论》的同学们，正是他们协助拉里把雄心勃勃的想法变成了现实。他们一直在辛勤地工作，如果没有他们的努力，我们今天就不会出现在这里——所以，谢谢你们。举办这次研讨会的费用是塞缪尔与罗尼·海曼公司治理中心赞助的，在过去的这些年里，海曼公司治理中心始终都是法学院慷慨的支持者。对他们一直以来的支持我们深表谢意，他们从未怀疑过我们的能力，始终相信我们能做好自己的事情，也包括今天我们在这里做的事情。

最后，我想感谢巴菲特先生，感谢他写的那些信，也感谢他今天能够莅临现场。非常感谢您来参加我们的研讨会，我们对接下来两天的研讨充满期待。

公司治理

专题研讨一：主持人——艾拉·米尔斯坦（右一，背对摄像机）

第一排：苏珊·巴菲特、沃伦·巴菲特、查理·芒格

第二排：布鲁斯·伯克维茨、彼得·希拉尔（Peter Hilal）、比尔·阿克曼、保罗·希拉尔

*****

乔纳森·梅西和詹姆斯·霍尔德克罗夫特提出了一个很激进的想法：让上市公司的股东们可以委托他人代为在每年的股东大会上投票，进而指导董事会更换在任的管理人员或者将公司挂牌出售。

鲍勃·德纳姆：在有关公司治理改革的建议中，有一些是很危险的，就好比病毒。在我看来，这就是一个特别有趣的例子。我之所以说它是公司治理变革中的病毒，是因为它会导致权力和责任的分离。这个提议显然会导致权责的严重分离。股东们有权力给公司贴上一个“待售”的标签，但却无须承担具体实施出售行为的责任。

毫无疑问，在很多情况下，给要出售的公司贴上“待售”标签并非最明智的做法。这显然会让员工和客户变得惶恐不安。如果股东们给公司贴上了一个“待售”标签，必然也不会带来什么好的前景。如果以这种方式把权力和责任分离，我根本无法想象一个心智正常的人为什么还要进入董事会。

霍尔德克罗夫特：事实上我们的看法刚好相反——这么做能够让责任和决策很好地结合起来。不管董事会采取什么行动，最终获益或受损的都是公司的股东。这种做法赋予了股东决策权，如果他们觉得合适，那他们就可以做出决定。

鲍勃·芒德海姆：我也想问一个问题，这个问题跟鲍勃·德纳姆的问题类似。假设一家经纪公司（即券商）的股东们给公司贴上了“待售”标签，那么，在待售的这段时间内，公司内部的人会怎么办呢？

梅西：有些公司会比其他公司更好卖，每年由董事会提出是否出售的建议是完全合理的，如果他们提出这种要求，而且允许大家投票，我们可能会说：“我们建议你不要卖掉公司，否则可能会带来很多可怕的后果。”

如果你的分析是正确的，如果你拥有这家经纪公司，你就会遇到很多可怕的问题，在公司待售的这段时间里，很多人都会选择离开，如果公司最终在这种情况下出售了，那一定会大幅贬值。我的意思是说，如果的确如此，所有代价都得由决策者来承担，也就是股东们。

芒德海姆：董事会可能无法做出这样的声明，如果在这段时间内，事实上董事会的确想把公司卖掉。我不知道，依据相关的证券法，他们在股东委托书中可以说出售公司是一件很可怕的事情，但不久之后，他们就会宣布公司已经卖出去了。（笑声）

梅西：没错，如果你得到了非常重要的信息，而且你迫使公司被卖掉，你也会持类似的观点。但我们肯定会在提议中给董事会留出宽裕的时间，那么，即便他们拿到了支持票，而且的确出现了你所描述的那种情况——比如他们已经做好了出售公司的准备或者得到了某些未公开的信息，这些信息不能在拍卖时泄露出去，但肯定会对售价造成重大的影响——要改变这一切也并不是什么难事儿。

保罗·希拉尔：我们每天都在出售公司，而且我们会尽一切可能确保报价过程是保密的。要知道，如果我的客户要挂牌出售，即便只是有这种可能性，也会引发恐慌，不仅仅是对员工而言——可能会有人叛变、有人离职，对我们的供应商和用户也是如此。所以当有人说，整个公司可能挂牌出售或者高管团队可能发生巨变，即便只是一种可能性，这种可能性本身就会给公司带来负面影响，就会阻碍公司价值的充分实现。

你们的提议算是股东治理模式的翻版。**目前来看，过于分散的股东不会带来什么直接的影响**，但他们还有其他选择，比如卖掉自己的股份，远离他们不支持的管理团队。

你们的提议将赋予分散的股东更大、更直接的影响力和控制权，那么问题就来了：你们给股东那么大的权力，他们真的知道该怎么用吗？你们是想说目前这种选择董事代表股东的体系是失败的吗？要知道选出来的可都是经验丰富、深度参与公司管理的董事啊。你们的意思是说这些董事会成员没能代表股东们的利益吗？那么，在董事会层面予以补救或许是更好的选择，而不是强化股东们的直接影响力，因为他们可能是施加这种影响力的最佳人选，但也可能不是。

梅西：我想我们有必要花点时间思考一个事实：每年都有很多公司进行代理权的征集，每年都会有股东投票，但强有力的数据表明，在这种代理权争夺战中，获胜的往往是管理团队，因为这种代理机制的控制权牢牢把握在他们手中。我们甚至亲眼看到过你和芒德海姆院长提到的那种分裂。我们现在观察到的结果就是你将会看到的，那就是公司不会被卖掉。我们的提议针对的是比较罕见的例子。

艾拉·米尔斯坦：沃伦，我觉得从某种意义上来说他们提出了一个不错的观点。如果你是其中一家公司的单一股东或控股股东，而且你想更换管理人员，那你就可以更换，如果你想把公司卖掉，那就可以卖掉。他们想要做的就是找到一种方式，让这些分散的所有者能够像你一样，去做他们想做的事情。真正的问题是**你是否能把单一的所有权转变为分散的所有权，然后依然可以采取行动**。对此你怎么看？

巴菲特：在伯克希尔，我们是所有分公司的唯一股东。事实上，我们的行动方式正是你所希望的，由董事会代表分散的股东采取必要的行动。我们也有几个问题，首先是**资金配置问题**。子公司的管理层配置资金的方式可能不同于我们在伯克希尔的做法，因为我们不关心子公司的相对规模，我们关心的是股东们在那家子公司的总体盈利情况。

另外一个问题是，我们要确认**是否找到了合适的经理人**，当然绝大多数情况下我们都能找到。经理人很糟糕倒不是最大的问题，最大的问题是经理人很平庸——这种情况太常见了。这是一个很棘手的问题，我也不知道你们是如何应对的。在伯克希尔我们能解决这个问题，但我得说这是我遇到的最棘手的问题。

米尔斯坦：对于股东分散的公司来说，这个问题会更棘手——平庸的经理人通常都隐藏得很深，你是如何在第一时间发现他们的？

巴菲特：如果你运营的是一个运动队，找出庸才是很容易的。但我们面临的问题其实非常相似。在伯克希尔，虽然我们拥有子公司100%的股份，但是我们的董事会能够履行好自己的职责，我想对于董事们来说最大的激励因素就是面子问题。如果你让大人物下不来台，他们就会表现得更好。在这方面，我想媒体发挥的作用是最大的，他们才是促使董事会做好本职工作的最大推手。

*****

麦尔文·艾森伯格认为董事会应该维持一套内部控制系统，以确保公司的运作符合法律和公司政策。吉尔·费斯则认为流行的公司治理观点倾向于建立一套通用型的系统，但这种系统显然不适合每家公司的具体特点——他以伯克希尔为例，证明了一家无视治理趋势的公司反而运作得更好。

马乔里·诺尔斯：对这两个方面我都想发表一下看法。首先，我不太清楚梅西和霍尔德克罗夫特的提议旨在解决什么问题。你们关注的是什么？收购花费的时间太长了，还是说大部分的机构投资者都太保守了？如果你们认为由股东投票决定是否出售公司能让事情进展得更快，我能够理解。可是，第二个问题依然存在。

把分散的股东聚集到一起始终是个问题，因为他们的目的和做事方式千差万别。我可以告诉大家，依据美国教师退休基金会的经验，确认那些表现不佳的公司并采取相应的行动可不容易，真实的情况要比媒体描述的复杂多了。我们发现，确认表现不佳的公司有多种方式，但很难找到一种对采取公司治理行动有用的方式，我觉得这并不是因为费斯教授提到的那些原因。

我想进一步解释一下。我经常给学生们说到一个主题，这个主题来自斯塔特勒兄弟乐队歌曲中的一句歌词："当你过了18岁，生活可就复杂了。"（笑声）在我看来，**机构投资者确认表现不佳的公司并采取有效的行动**是一个非常重要的主题。我觉得仅仅把这些

马乔里·诺尔斯

事情放进股东委托书里并不是最有效的方式。

更为有效的方式是区别不同类型的机构投资者。举例来说，企业养老基金是非常保守的，这一点众所周知，换句话说，这些基金不是激进主义者。相对而言，公共养老基金可能就激进多了，但这种激进更多的是表现在治理层面，而不是绩效层面。我们倾向于关注公司的绩效，我们发现可以采取很多非正式的路径，但无论采取哪种路径，我们都不会把这些事情抛给股东们去投票决定。

其次，费斯教授提到，未能在公司治理监督和绩效之间找到相关性，我想回应一下这个说法。我不太确定我们是不是应该去找这种相关性，但在我看来，无论是经验之谈还是实证研究都表明**良好的公司治理对公司来说是非常重要的**，特别是在公司处于转型期或者出现危机时。到目前为止，我尚未发现有人好好研究两者的相关性。杰伊·洛尔施（Jay Lorsch）教授关于董事会实际工作方式的研究表明，公司治理规范在某些时候能够发挥最大的作用，比如说，当公司需要一个新的接班人计划时。

所以我想说，我们之所以特别关注公司的治理规范，目的是帮助公司更好地应对可能发生的危机，而不是让公司在未来的五年里股价能够上涨，但目前大部分商学院研究的都是后者。我们（美国教师退休基金会）是长期投资者，我们更关注企业绩效的长期提升，而不是我在很多研究中看到的短期收益。

米尔斯坦：我们尝试对比一下两种模式。一种是**巴菲特模式**，持有公司大部分的股票，真正关注管理层的动态。另一种是**美国教师退休基金会模式**，典型的大型公共机构，持有1600家公司的股票，根本不可能对每一家公司都保持关注。虽然这是不可能的，但这个世界就是这么运转的。如果追踪一下全球排名前25的大公司，你就会发现，事实上这25家大公司的大股东都是同样的25家大型机构。作为一名反垄断律师，这个事实让我非常担心，不过看起来这个房间里也只有我一个人在担心这个问题吧！不管怎么说，这就是现实。对于沃伦·巴菲特类型的公司关心的那些问题，不知道拥有1600家公司的美国教师退休基金会是如何确认的呢？

诺尔斯：我很高兴有机会给大家介绍一下我们的基金会，这是一家我很尊敬的机构。您说得完全正确，在我们的股票投资组合中，绝大多数都是被动型投资或者指数化投资。我们主动管理的公司相对来说很少，如果想深入了解投资的公司，我们会咨询分析师的意见。我们发现，罗伯特·博森（Robert Pozen）的研究也表明，对于大多数机构投资者来说，**投入大量的时间和研究去找出问题然后解决问题是得不偿失的**。

不过，我们也发现，如果能够对问题进行有效的确认和权衡，就少数“表现不佳的公司”而言，跟管理团队合作的确是解决问题的最佳方式。事实上，依据我们的经验，大多数表现不佳的管理团队都能讲出自己的故事来，问题是我们的分析师是否认同他们所讲故事的合理性，如果合理，我们就不应该放弃他们。我们太大了，不可能经常性地出售我们投资的公司，这才是我们真正的问题所在。如果我们觉得某个公司的董事会的确不负责任，我们也会保留自己的投票。接下来的问题就麻烦了：我们倾向于成为一家大型的、不那么张扬的公共公司，那么，我们到底要不要召开新闻发布会呢？我觉得这就回到巴菲特先生所讲的观点了。

米尔斯坦：当事情变得非常糟糕时，你就要把手电筒打开了，对吧，麦尔？

艾森伯格：我并不想让你觉得扫兴，但你刚才说认同吉尔的观点，我可不这么认为，而且我也不认同你的观点。（笑声）因为你说的是你认同每家公司都可以拥有自己的董事会架构，但我觉得吉尔说的是一家公司应该能够决定它不需要一个独立的董事会。（吉尔·费斯点了点头。）此外，在新的全美公司董事协会（NACD）报告的概述部分，你告诉我们说，“一家公司应该做的事情就是拥有一个独立的董事会”。

米尔斯坦：毫无疑问。

艾森伯格：好的，所以我想先把话说清楚，有传言说我们俩的观点非常一致，但事实并非如此，这是其一。此外，你说——或者说那份报告说——董事会想做什么就应该做什么（我猜这已经超越了独立性的范畴），对此我也不认同。因为，举例来说，你从我早先做过的报告就可以看出来，如果一个董事会说我们别管内部控制的事儿了，那我一定会非常震惊。我没听哪个董事会说过对公司的内部控制完全不感兴趣 。如果一个董事会说，在这家公司里，我们不批准公司的重大计划和关键举措，我也会感到很吃惊。哇，不管公司——高管们——想要什么，我们都盖章了事。那么，除非你说的不是你心里真正想的，当然了，你还有两周的时间改变说法，（笑声）所以，除非你说的不是这个意思，否则我坚决不赞同你的说法。

米尔斯坦：没错，我说的就是这个意思。其实想都不用想就知道，即便董事会成员的智力水平一般，也肯定不会做出你说的那些举动。我们在报告中给出了长达23页的建议，而且我们还说，如果你拒绝它们，那就应该告诉股东们为什么拒绝。因此，在我看来，如果一个董事会拒绝去做你想要的那种审计，而且告诉股东们他们为什么不会再做审计了，那么这个董事会的成员很快就会被踢出董事会。我们认为**董事会的做事方式应该是公开透明的，而且要对自己做的事情做出合理的解释**，这才是董事会的最佳运作之道。我赞同沃伦的观点，只要董事会的成员们智力水平没问题，只要他们还有所作为，而且知道自己的职责是什么，那就不会拒绝去做你提到的那些事情——我对这些人还是很有信心的，但我猜你可能没有。我觉得他们会做好自己该做的事情。

艾森伯格：“你”是谁？

米尔斯坦：你。

艾森伯格：我？

米尔斯坦：没错，就是你。你是想监管他们并告诉他们做什么吗？

艾森伯格：从某些关键的层面来说，我的回答是肯定的，董事会必须要批准公司的重大计划和关键举措。

米尔斯坦：这是法律要求的吗？

艾森伯格：不是，法律只管分红之类的事情。

米尔斯坦：实际上，即便法律没有要求，只要是正式形成文字要求董事会去做的事情，他们都会去做。其实你没必要在这里把话题放大，他们知道自己该做什么。

艾森伯格：在这一点上我们的观点可能并不冲突。

杰夫·戈登：（麦尔·艾森伯格建议的）审计人员可能涉及巨大的成本，包括货币成本以及其他成本。吉尔·费斯谈到了灵活性、成本以及相应的益处，艾拉·米尔斯坦谈到了董事会的责任。对照他们的说法，艾森伯格教授，如果安排一名审计人员督促董事会做你认为他们该做的事情，你觉得如何？对此你怎么看？

艾森伯格：我现在谈的不是法律规范，我谈的不是要求董事会必须承担内部控制责任的法规或者如何贯彻执行这样的法规，因为我认同此前说过的一些事情。比如说，宣传这件事——我认为企业文化这个层面的确更为重要。

在重构董事会这个概念时，我想理论和实践是趋于统一的。此外，在我看来，如果你能塑造出接受特定规范的企业文化，这种文化很可能要比法律规范更为重要。所以，首先就像我刚才说的，我现在谈论的是企业文化中的规则，目前我希望能看到这样的规则落到实处。

说到这里，我想我希望看到的就是一种企业文化规则，在这种规则中，至少要有一名内部审计人员直接向董事会汇报。至于有多少公司有这样的内部审计人员，我手头上并没有相应的数据，如果我说大部分大型上市公司都有这样的内部审计人员，那可能也是不对的，但我看到的实际情况留给我的印象的确是如此。

当前的评论

“如果股东们提出的建议是经过深思熟虑的，绝大多数董事会和高管团队都会表示欢迎，而且会本着为股东谋求最大利益的原则，谨慎地采取必要的行动。当董事会和管理层跟成熟的股东们携手合作时，每个人都会是赢家。在某些令人感到遗憾的案例中，只有‘手电筒’——通常就是代理权争夺——能够带来可信的前景。此外，手电筒揭示的事实可能令人感到尴尬，只有在这种情况下，才足以促使在位者采取行动。股东们说话可以轻声细语，但携带的手电筒必须足够大！”

——保罗·希拉尔

芒格：如果梅西和霍尔德克罗夫特的提议被采纳了，而且只需走一个并不复杂的程序，股东们就有权把一家公司卖掉，那么你就会发现，从股东收益的角度来说，在特定时间里，美国的每一家公司都更应该被卖掉，而不是继续经营下去。那么，如果此时提议卖掉公司，决议很快就会通过。这无疑是有史以来最有效的提议了。所以说，在评估提议带来的后果时，你的注意力会高度集中。

不过，如果你能再往前迈一步——其实任何恰当的分析都是如此，你就会去评估这些结果可能带来的后果。如果看到股东们有权为了自己的利益迫使公司不断被转手，为了确保自己的位置不会被取代，所有美国公司的经理们都会时刻绷紧每一根神经。

所以，你们谈论的这个提议会给美国的经济和社会体系造成非常深远的宏观影响。每一个人都会想做大做强，进而在每一个选区进行强大的利益布局，让股东们无法强迫公司出售，即便出售公司能给股东们带来更大的回报。这将是一个令人震惊的提议，而且影响力巨大，我不太确定你们是否好好考虑过如果投票支持这个提议，会带来怎样的后果。

巴菲特：作为一名股东，我只关心董事会是否能做好两件事情。**一是**找到一名一流的经理人，**二是**在这名一流经理人自身的利益与股东的利益发生冲突时，能够以何种方式予以干涉。

我觉得要同时做好这两件事情很不容易。仔细数数的话，我曾经做过17家上市公司的董事，这还不包括我们自己控制的公司（这些公司我们有很强的主导性，也都有被虐的基因）。（笑声）在这期间，我一直纠结于几个问题，这几个问题或许有办法予以改善。

第一个问题：**找到一流的经理人**。在这17家公司中，我从未看到有人当着首席执行官的面谈到平庸的或者糟糕的经理人这个问题，也从未看到有人当着首席执行官的面进行人员变动的评估，就我所知的其他公司也是如此。这种事情根本就不会发生。所以我想，要真想解决这个问题，就必须定期召开会议对首席执行官的表现进行评估，当然，首席执行官本人不能在场。

如果只是在大会后随便开个小会——如果不是按照计划定期召开，会议的气氛就会变得非常紧张。董事会虽然是依法设立的机构，但它本身也是一个社交圈子。如果没有一个强有力的领导者，这么一群人很难突然就决定换个地方开会，然后认真地讨论是否要把那个看起来非常体面的首席执行官扫地出门。

因此，就评估首席执行官这一点而言，我觉得应该把重点放在流程上面。如果说董事们拥有一家公司100%的股份，或者他们家人的生活完全依赖公司的业务收入，那么需要开人时他们肯定不会手软，但这种情况非常罕见。我不知道你们有什么办法强化董事们开人的意愿，反正我在美国上市公司还没看到什么好办法。

如果你们找到了一流的首席执行官——这绝对是第一要务，他不一定要是全球最好的，只要是一流的就可以。从某种程度上来

查理·芒格和霍华德·巴菲特

说，我可能认同吉尔的观点——**通过让首席执行官向其他首席执行官们请教或者寻求董事会的建议**，你可以把一个5分的首席执行官变成5.5分的。但依据我的经验，要把5分的变成8分的可就难了，你还不如把这个5分的开掉，让他去做其他事情，然后直接去物色一个8分的。

当前的评论

“巴菲特善于为伯克希尔的子公司物色一流的首席执行官可是出

了名的。不过，在研讨会召开后的20年里，他不得不证明自己同样善于在必要的时候更换这些人，虽然这种换人通常不会闹得沸沸扬扬。虽然下属子公司的状况各不相同，但那段时间里不少子公司都非常低调地更换了首席执行官，比如本杰明·摩尔（Benjamin Moore）涂料公司、费切海默兄弟公司（Fechheimer Brothers）、欢乐厨妇公司（The Pampered Chef）、佳斯迈威公司（Johns Manville），以及利捷公务航空有限公司（NetJets）。更广为人知的事件是伯克希尔旗下的高管戴维·索科尔（David Sokol）的突然辞职，他是解决难题的能手、能源业务负责人，也是巴菲特的热门接班人选，他在伯克希尔收购路博润公司（Lubrizol）之前购买了该公司的股票。”

——拉里·坎宁安

第二个问题：即便是一流的首席执行官，其自身的利益也会跟股东们的利益产生冲突，他的薪酬问题就是其中之一，还有一种冲突则跟收购有关。开展大型活动或者仅仅是采取更多的行动都能带给首席执行官极大的心理满足感，即便这名首席执行官在其他方面可能是一流的，但他期待的秀场或者行动也可能跟股东的利益产生冲突。基于收购的本质属性，当收购计划提交到董事会时，如果被驳回，那无疑就是对首席执行官的拒绝和否定，就是让他在他的团队面前丢脸，就是各种跟他过不去。所以，几乎不会发生这种事情。

我不止一次看到过这样的情形，董事会批准了一项交易，随后有的董事就会说："你知道吗，我真不觉得那是一笔好交易，可是我们又能怎么样呢？"显然**应该有一种更好的机制**，但我也不确定它是什么样的。不管怎样，都应该有一种更好的机制，**让董事会能够站在股东的角度上做出一些重要的决策**，因为有时候首席执行官的考量跟股东们的考量并不相同，即便这位首席执行官是一流的。这些考量可能是经济层面的，也可能是非经济层面的。

理想的机制应该是这样的：董事会能够做出独立判断，但在方式方法上又不会让首席执行官难看，不至于导致首席执行官被迫辞职或者在自己的团队面前丢脸。如果有人想聊聊这个话题，我很欢迎。

就薪酬问题而言，一流的首席执行官跟股东之间也可能产生冲突，我虽然也觉得他们的薪酬有些高了，但这个问题远没有另外两个问题严重——找到正确的人和收购问题。我也觉得高管们的薪酬让股东们付出了一些不必要的成本，我也觉得很多薪酬方案不合逻辑，但我并不认为他们的薪酬已经高得离谱了。

诺尔斯：我想对巴菲特先生提出的两个问题做个回应，因为这两个问题都很有用。我认为有一点是很清楚的，那就是要在问题出现之前确保流程到位。绝大多数律师都明白这个道理，而且也会这样告诫自己的当事人。在一些不错的公司的治理标准中都能找到这样的流程，比如美国教师退休基金会的标准以及通用汽车的标准。

关于第二个问题，我认为**美国的企业文化和法律并不能画等号**。我们曾经做过一个试验，对比有关“独立董事”的各种定义，法学院的学生们都可以把这个词语当论文来写了。纽约证券交易所有一个定义，美国教师退休基金会有一个定义，美国法律协会也有一个定义——大家对“独立”的界定各不相同。可是，没有一个定义考虑到这样一个事实，那就是人是社会性的动物，人的很多价值观是法律无法考虑在内的。

看看这些定义吧，没有一个包括以下内容：两名或多名董事可能同在一个慈善委员会任职，或者他们的配偶在同一个慈善委员会，或者他们都曾是童子军的领队，或者他们经常在一起打高尔夫球。所以，我认为独立的标准只能把一些有限的价值观考虑在内，我们可以遵循这些标准，坚持这些标准，但我们绝不能忽略“人性”这个要素，不能过分依赖法律来约束这些风险。

米尔斯坦：说到收购和合并，人们好像普遍认为，如果董事会了解公司的业务——目前这种情况还非常少见，但如果董事会真的了解公司的业务——顺便说一下，理念灌输和了解业务是全美公司董事协会强烈推荐的做法——然后深入参与战略规划和业务计划的拟订，紧急收购和突然冒出来的“好主意”就不太可能提交到董事会了。因为如果一个董事会的确参与拟订了一个明智的战略规划和业务计划，那一定是提前规划好了要做的事情。如果董事会决定——董事会和管理层一起决定——收购一家公司，那肯定是提前规划好的，肯定不是昨天突然出现然后今天就要投票的事情。

巴菲特：我想说**很多愚蠢的收购都是以战略规划的名义完成的**。如果一个董事会通过非常复杂的过程详细审阅了一份战略规划，我就会变得非常谨慎，因为很可能出现的情况是这样的：他们对这个规划投了支持票，然后管理层就去收购了，出现问题后，管理层就会跑回来说“可是我们是依据战略规划做的啊”。

米尔斯坦：你的基本观点是说扩大公司规模并不是重点，我希望每个人都能相信你的说法。但现实就摆在这里，所以规模依然很重要。规模跟薪酬、商务机、飞机都密切相关——所有美好的东西都是大公司才有的。如何说服大家这并不是正途，我想这个问题还是留给你吧，毕竟你拥有那么辉煌的投资业绩呢。

巴菲特：说到滥用喷气式飞机和薪酬——我们很快就有飞机业务了，所以我还是谨慎点吧，（笑声）我在开会时可能会气得脸色发紫。（编者注：当时伯克希尔正在收购飞行员训练机构——飞安国际。）但说到底，**愚蠢的收购会让股东们付出比所有这些东西大得多的成本**。

*****

黛博拉·德莫特认为，关系投资要想取得预期成效，少数大股东必须担任其他股东的受托代理，但无论是从现行法律层面还是实操层面来看这都不太可行。他还顺便提到，人们经常把伯克希尔视为关系投资者的典范。

巴菲特：我可以发表意见吗？我完全同意黛博拉的说法。据我所知，无论是在书面材料中还是在股东大会上，或者在其他任何场合，查理和我都从未用“关系”这个词形容过我们的投资策略。查理，你记得我们用过吗？

芒格：没有。

巴菲特：我们可不是那么看自己的。我们会说我们试图买进的业务不仅要有出色的经济状况、要由诚实能干的人经营，而且价格也要公道。我们购买的股票非常有限，可以说我们的投资非常聚焦。但在我们的投资策略中，**关系根本就不是主要考虑因素**。

我们的投资金额通常比较大，因为我们有很多钱。我们购买的股票种类非常有限，这是我们要考虑的一个方面，而且我们会持有很长一段时间，所以我们也逐渐会认识公司里的人。

但我们从来没有用过那个词，我不知道第一次看到它是在哪里了，但可能是在某些基金的营销活动中，他们装作是在复制我们的模式，但事实上压根儿就没从我们这里复制任何东西。（笑声）我觉得这可能是那个词的源头。其实我们可没把自己跟这个词联系在一起。

我们要寻找的投资对象跟我们几十年来物色的对象完全一样。当我们的基金规模还非常小的时候，我们寻找的投资对象就已经是这样的了。我们在20年前买进股票的时候，种类就非常有限。我们当时可没能成为那些公司的大股东，可不像现在这样，因为当时我们没有太多资金。我们倾向于跟这些公司保持同样的关系，或者说没什么关系——有些公司的管理人员我们从没见过，但另一些公司的管理人员我们却可能非常熟悉。

但我想这个词的意思可能跟我们所做的事情不太一样。此外，我认为人们跟我们扯上关系可能出于商业利益上的考虑，因为他们试图宣传的东西可能涉及巨大的管理费用。（笑声）但在一般人看来可能没什么两样，不过我完全赞同你的说法。查理应该有话要说。

芒格：我不认为真有关系投资这种东西。我敢打赌，**真正的关系投资事实上并不存在**。杜邦投资通用汽车这样的例子非常罕见。表面上看我们跟他们有点像，没错，是有点像。他们也是长期投资，而且计划发挥建设性作用，但我不认为他们投资的目的是买了汽车卖油漆，虽然他们的确卖了一些。我认为杜邦进入后通用汽车变得更好了——好很多。

但在硅谷，关系投资可就多了去了，大量的风险投资基金进入高科技领域，比比皆是。我想他们也希望发挥建设性作用，但如果他们不喜欢事态的进展，他们就会采取行动了。他们要面对的法律问题可比我们复杂多了。他们更感兴趣的是出售少量股份或者买进更多股份。他们面临的问题可比你们谈论的问题多多了。

巴菲特：他们更关注退出策略。如果你更关注退出策略，那你就会面临更多的法律问题。我们寻找的是没有退出策略。一旦进入了，我们永远都不想退出，我的意思是说它非常简单。如果你既表现积极同时又在寻找退出策略，那你就会面临更多的问题，也会遇到更多的矛盾和冲突。

当前的评论

“选股和组合管理是投资成功的关键。巴菲特普及了‘聚焦投资’这个概念，这是一种投资组合管理方法，投资者会把自己的赌注全部押在长期来看最有可能跑赢市场的那些股票上。”

——罗伯特·哈格斯特朗

埃德·基奇：黛博拉，你曾试图以伯克希尔的投资组合为背景应用或讨论过一个模型，在这个模型中，控股股东会作为其他股东的代理人，随后你明智地发现，在现行的法律体系下，这种模型根本就不可行。但让我吃惊的是的确有一家公司做到了，它的控股股东已经肩负起为其他股东代言的责任，这家公司就是伯克希尔·哈撒韦。因为巴菲特写给股东的信中一再提到“对其他股东而言我们就是合伙人”，既然如此，这就构成了一种合作伙伴关系。那么，就伯克希尔·哈撒韦本身而言，你是否认为控股股东的确承担了你所说的那些责任？

巴菲特：我会丢下其他股东不管，然后高价出售自己持有的控股股权吗？

德莫特：我认为埃德的说法受到了两种不同回应的影响。就合作伙伴关系的案例而言，人们会声称合作伙伴关系存在的目的就是诱使其他人去做一些事情，最常见的就是授信。我不太确定这是不是伯克希尔·哈撒韦的报告带来的结果……

基奇：这些都是书面的，而且的确是在诱导人们去购买和持有伯克希尔·哈撒韦的股票。

德莫特：我们也知道，现行的法律并不要求出售控股股权的人跟其他股东分享溢价交易所得——只有极个别的情况例外。

基奇：据我所知，还没有另外一家公司的控股股东真的跟其他股东说过我们是合作伙伴。

巴菲特：如果你想过自己可能会那么做，那简直就是疯了。这是显而易见的。这会让你后面的所有实际案例都不再那么有说服力了。因此，如果你想以任何方式占其他股东的便宜，你肯定不会到处跟人说我们是合作伙伴或合伙关系之类的话，因为这么做肯定得不偿失啊。（笑声）

艾拉·米尔斯坦、沃伦·巴菲特、桑迪·戈特斯曼、大卫·鲁登斯坦

芒格：如果你说法律并不要求控股股东分享溢价交易所得，在只看部分案例的情况下，我觉得你说的可能是对的。但我想到了几

个很可怕的案例，控股股东把股权以高价卖给了众所周知的骗子或者名声不好的家伙，因为对方（买主）将要采取可怕的行动，这也是他愿意出高价的原因。如果我还是律师的话，我很愿意接一个这样的案子，而且得按条件收费。我可不觉得这是一种安全行为，因为我觉得最基本的法律也不会说你可以为了高价把公司卖给任何一个骗子。

金融与投资

比尔·巴顿谈到了股利和再投资政策，也评述了旨在改善欠佳的股利和再投资政策的各种策略，其中包括强制分红、强化股东监督和加强信息披露。

巴菲特：大约12年前，在伯克希尔的年会上有一次投票，投票并不是股东委托书的正式组成部分，却是随着委托书一起分发的。我们要求股东们就各种不同的股利政策进行投票。股东们的响应非常热烈，我们可能给了他们三个或四个选项。你会建议上市公司那么做吗？

巴顿：这个问题很有趣。你在建议用民意调查的方式给管理层传递信息啊。这种做法很让人期待，我觉得这么做没什么问题。

巴菲特：这种调查大概也是一种委托行为，而且可能——是很

比尔·克莱恩（Bill Klein）、林恩·斯托特、拉里·坎宁安、查理·芒格、鲍勃·汉密尔顿（Bob Hamilton）、比尔·巴顿（Bill Bratton）

可能——附有管理层对建议路线的看法。我们没这么做，但多年来可能给出了不少暗示。（笑声）我很想知道，你觉得标普500中的那些公司通常会怎么做？此外，你觉得他们的做法会带来行为的改变吗？或者你觉得这是一件好事儿吗？

坎宁安：那次投票的结果如何？我猜想股东们很可能会说你们现有的股利政策非常不错，执行得也很好，而且会说伯克希尔的政策就应该是这样的。

巴菲特：没错。参加调查的股东都是自愿的，至少那些能看懂英文的股东们是自愿的。（笑声）我们还在同一份问卷中就公司的慈善捐助项目进行了调查。我们很想知道股东们对老政策有什么感觉。我们向他们说明了拟定股利政策的原因，但从某种程度上来说，我们的目的是向他们传递一个信息，那就是我们觉得已经把问题都想清楚了。

我们给了他们一个无股利和低股利的（可供分配利润的20%）选项。查理和我的投票不计算在内。如果按股票数量来说，我觉得有93%～94%的股票投了赞同票；如果按股东数量算的话，大概是90%赞同我们的不分红政策。这可是自愿投票啊，所以没什么值得怀疑的。

不过，另外一个问题更有趣，如果一家公司拿出三分之一左右的利润分红，投票的结果又会怎么样呢？如果你让股东们在三分之二和零之间选择呢？

就我们投资的公司，我想说明一点，那就是我们对他们的股利政策没有影响，我们也一直努力不去影响。我们就没尝试过要去影响他们，事实上，可能是20年前有一个例外，或是25年前。

布拉德·里德（Brad Reed）：（对着主持人芒格说）你能描述一下西科公司的股利政策吗？另外，你能不能简要谈谈现金股利和股票回购的相对效力？

芒格：西科的股利政策是由中小股东的偏好决定的，至少是那些邀请我们投资的中小股东，所以，我们只要遵从少数中小股东的意愿就好了。现在你可能会说“真够古怪的”，是的，你说得没错。

至于普通股回购，如果股票的内在价值大于你的现金收益，那当然是把它作为公司资金使用更具吸引力。相反，如果你能为资金找到更好的使用方式，并带来比股票回购更大的价值，那当然就应该用作其他目的了。

一切的选择都是基于机会成本做出的，机会成本实在是太简单了。如果你打算做一笔新的投资，那么这笔新投资的机会成本就是你可能遇到的下一个最佳选择。其实，生活也是如此，你大可以好好去过自己的生活，而不是在这里听这些莫名其妙的话，（笑声）我能说的就是那样的生活才更美好。

巴菲特：顺带说一下，在伯克希尔，有三四家子公司我们拥有80%以上的股权，其余的少数股权掌握在少数人手里，西科的情况就不一样了，是少数的股权掌握在很多人手里。在这两种情况下，我们都会告诉那20%或者更少股权的持有者，公司的股利政策由他们制定、他们说了算。就股利政策而言，我们不会受到税费方面的影响，但他们会有税费方面的问题。他们要考虑的因素非常多，比如家庭啊什么的，所以他们负责制定股利政策。

实际上我们是这样说的："如果你加入我们，并且保留公司20%或者更少的股权，相对我们而言，股利政策对你们来说更重要。"这是因为，如果我们把多余的钱留在公司里，而这些钱不能有效地用于发展公司的业务，那就只能用来投资，而投资产生的利润要向州政府缴纳更高的所得税，此外还可能给我们带来其他不利影响。但我们会说，我们愿意跟他们达成一致意见，这种做法在某些公司已经坚持15年了，我们还会继续坚持下去。不过，我们并不会每年都讨论什么样的股利政策对伯克希尔·哈撒韦来说是最有利的。

芒格：在你的经济模型中根本就找不到这些东西。（笑声）

当前的评论

"看看负利润是否会影响伯克希尔的股利政策将会很有意思。"

——沙恩·帕里什

比尔·克莱恩：总体来说要考虑的就是机会成本，但这会让我们不禁想到一个问题：谁的机会成本？机会成本是一个抽象的企业概念吗？如果是，那至少要基于一个主观的推测，至少是假设，也就是说，伯克希尔·哈撒韦将会保留所有收益，然后从各种不同的投资选项中做出最佳选择。不过，随后你就可能会问了："哦，等一下，为什么我们考虑的是伯克希尔·哈撒韦的机会成本，而不是股东们的机会成本呢？"

芒格：因为我们是在经营伯克希尔·哈撒韦啊。

克莱恩：没错，不过你们也有权决定把钱分给股东们，然后让他们自己决定如何使用。

芒格：如果要那么做，我们会告诉你的，都会写在巴菲特的信件里。

巴菲特：如果一美元的留存收益创造的市场价值大于一美元，那么他们可以选择把所有股利进行再投资，从而获得更大的回报，这种回报显然大于我们直接把现金分给他们，让他们自由选择投资机会得到的回报。

芒格：虽然没人问到临界点问题，但在伯克希尔我们设定了一个临界点。我们说的临界点就是，**当一美元的留存收益创造的市场价值小于一美元时，我们就开始分红**，而不是继续留存收益了。那就是我们的临界点。

巴菲特：我们的分红额可能会超过收益的100%。

芒格：你说得一点儿都没错。

提问：在我看来，伯克希尔的股价长期以来都被严重低估了，而且公司的负债水平非常低。在过去的这些年里，伯克希尔为什么不回购股票呢？这看起来是一个不错的选择啊。是不是其他机会更好呢？

芒格：如果你看看其他机会，就会觉得它们看起来都不错啊。（笑声）如果以1973年至1974年为例，我会说我们从其他地方买入的股票都非常出色。

巴菲特：我们其实希望你能举一个最近的例子，查理。（笑声）

芒格：最近从其他地方也找不到那么好的机会了。

当前的评论

“在过去50年的大部分时间里，伯克希尔的股价都被低估了，经常都不到账面价值的两倍。如果把它跟一个等价收益率的债券相比——一个利率为19%的息票，其交易价格通常高于票面价值的两倍。为什么伯克希尔的股价并非如此呢？原因之一，几乎没有投资人认为伯克希尔可以永远保持这样的增长势头。更糟糕的是，很少有人真正理解‘浮动’或者递延所得税的力量，这无疑会让大家低估伯克希尔的内在价值。考虑到伯克希尔当前的巨大规模，19%的息票率显然太高了，但即便如此，在现在的低利率环境下，伯克希尔的股价依然低于内在价值。伯克希尔的股价依然是被低估的。”

——马克·休斯（Mark Hughes），拉菲特投资公司

当前的评论

“如果从开始计算，到今天伯克希尔的投资回报率已经非常高了，公司从中也受益匪浅。这要归功于早些年的高投资回报率，因为当时涉及的资金量相对较小。随着伯克希尔不断发展壮大，其投资回报率会越来越接近市场平均值。但从开始至今的投资回报率计算方式得益于一个事实：计算的是年度回报率的平均值，并没有基于伯克希尔管理的资产总量进行加权。我个人的观点是：管理这么大的企业能不出现较大的亏损就非常不错了，但更令人印象深刻的是，伯克希尔能够持续跑赢市场平均值。”

——埃德·基奇

*****

拉里·坎宁安对现代金融理论进行了阐述，并把它跟巴菲特的哲学进行了对比。芒格主持了小组讨论，并对教授现代金融理论的有效性提出了挑战，用他的话说现代金融理论就是“琐碎的废话”。

芒格：假设我正运营一个养老基金，而且每年都有现金净流入，这是一份持续很长很长时间的责任。我做出了一个决定，弄一批电脑过来，通过程序让基金持续投资那些风险非常高、波动非常大的股票。我的计算机会年复一年地这么做，一直持续20年。20年后，基金的表现能比股票市场的平均表现高出两个、三个、四个、五个百分点吗？能还是不能？（笑声）

卢·辛普森：查理，我觉得你提出了一个非常有趣的问题。我知道自己的回答是什么，但我也很想知道你的回答是什么。你在一个黑匣子里运营一个高风险的股票组合，而且运用了学术上对波动性的所有衡量方法。20年后，当你汇总结果时，你觉得结果会是什么样的？

芒格：如果你谈的是伯克希尔，我觉得最终的结果要比我们用自己的方法取得的成绩逊色多了。我非常怀疑那么简单的策略是否就能带来巨大的优势。在我看来，如果人们相信会带来巨大的优势——在20年或30年的时间里每年都高出平均值两到三个百分点，那他们也应该相信牙仙的故事。

提问：（继续问芒格）你一直在谈应该教授什么——把巴顿教授谈的东西称为“莫名其妙”，把坎宁安教授谈的东西称为“纯属瞎扯”……

芒格：顺便说一句，我喜欢这两个家伙。（笑声）

提问：（继续）你自己也上过传统的法学院，然后成了一名非常成功的律师，这么多年一直在跟巴菲特先生共事。

芒格：这不会带来什么积极的伤害。（笑声）

提问：（继续）那么，你觉得应该教授什么呢？你说过伯克希尔的做事方式跟这些理论都不一样，这些理论都在试图提出某种教学模型。那么应该教什么？

芒格：你面前有150页材料，那可都是我们花了很大力气做出来的。（编者注：研讨会的参会人员都拿到了一份150页的材料，里面都是巴菲特写给伯克希尔股东们的信，这些信后来被编辑成书出版，书名为《巴菲特致股东的信——股份公司教程》。）

埃德·基奇：作为一名教职人员，我得为那些琐碎的事儿说句话。在给学生们上课的过程中，经常有学生跟我说他们学到的最重要的东西，我发现，他们说的不少东西在我看来都是很平常的，但对他们来说却很新奇。我记得自己上学的时候，当听说拆股对股东们而言并不是一件重要的或有利可图的事情时，我觉得受到了很大的启发。这的确是一个很平常的命题，但如果你从来没听说过，有人能告诉你还是很重要的。

芒格：我同意这种说法，而且我也认为，伯克希尔的大多数做法也都用到了这些浅显的知识。事实上，由于我们实在太关注基础知识了，所以我们才……

基奇：那你会不会建议我们的学生说，如果他们能够聚焦我们教授的基本要点，最终他们也能挣到几百万美元呢。（笑声）

芒格：没错。（笑声）我觉得应该这样回答："如果你能够掌握重要的基础知识——透彻理解这些知识并不是什么难事儿，至少对于最优秀的学生来说不是难事儿，而且能够将跨多门学科的基本要点融会贯通。总有一天，当你走在街上的时候，你会发现自己绝对是同龄人中的佼佼者，就连那些思路更加敏捷并且工作更加努力的人也根本没法跟你比。"所以，没错，一定要教授那些最重要的知识点。鉴于这些知识点太显而易见了，所以如果它们足够重要，你们可能还得多说几次。

比尔·阿克曼：如果你关注的不是证券价格的波动性，而是业务的波动性，那么波动性的确是一个很好的风险衡量指标。举例来说，如果你看一看伯克希尔投资的业务——比如吉列或者可口可

比尔·阿克曼

乐，他们的经营模式都是坚不可摧的，这些业务都蕴含着深层的经济学原理，而且波动性都非常小。如果关注的是持续盈利性，那我觉得波动性是一个很好的风险衡量指标。问题是，关注证券价格的波动性并不是衡量风险的好办法。所以，我觉得应该对模型进行调整，应该关注业务背后深层的经济学原理，而不是每日的股票交易价格。

坎宁安：没错，这就牵涉到有效市场假说了。如果有效市场假说是真实的，那么潜在的业务波动性和股价波动性之间就存在直接的联系。

芒格：很多的混淆是不是这样来的：在被引入金融领域之前，“风险”这个词有一个大家公认的基本意思，可现在人们说的风险并非传统意义上的风险，他们的意思是波动性。

当前的评论

“来自沃伦和查理的十大教训之一就是要理解业务波动性和股价波动性的区别。随着时间的推移，学术界以有效市场假说的名义绑架了这两个术语。作为商人，沃伦和查理从未向象牙塔里的理论家们低头，这让一切都大不相同了。”

——罗伯特·哈格斯特朗

坎宁安：是的，他们的意思是股价的波动性，而不是业务的波动性。

巴菲特：在用β系数衡量波动性的时候，或者说相对波动性，或者就干脆叫作风险吧，他们应该在整个学界讨论β系数的时候直接说“相对波动性”。我想这会带来一个截然不同的争论局面。

坎宁安：我觉得是这样，而且我觉得这又回到了——最终回到

拉里·坎宁安、查理·芒格

了——那个关于效率的故事：股价能够充分而精确地反映有价证券的所有相关信息。

芒格：怎么可能有人真相信这种说法呢？你可以相信重要的变量大致如此，但怎么可能有人相信完全是这样呢？

坎宁安：正因如此，支持者们才把这个**效率故事**分为了三种版本：强势版本、半强式版本和弱势版本。而且有很多人相信半强式版本。

芒格：我们相信弱势版本。

当前的评论

“伯克希尔的投资行为一再证明，**了解业务波动性和股票市场波动性之间的区别非常重要**。比如说，在2008年开始的那场金融危机中，虽然很多公司都瘫痪了，但伯克希尔依然做了很多有利可图的投资，其中包括投资美国银行、通用电气和高盛。”

——拉里·坎宁安

*****

鲍勃·汉密尔顿仔细研究了伯克希尔在1996年做出的资本结构调整。当时伯克希尔的股价每股超过三万美元，一些信托基金试图通过拆分股权的方式吸引投机者购买伯克希尔的股票，为了挫败这种企图，伯克希尔推出了新的B股。B股虽然只有部分的投票权和经济收益权，但能以较低的价格进行交易。汉密尔顿阅读了招股说明书中披露的信息，包括巴菲特和芒格发表的警戒性声明，他们声称伯克希尔的股价并没有被低估，他们也不会以当前的价格购买伯克希尔的股票。

芒格：这是个很有趣的故事。你可以说它证明了一条重要的法律原则：你肯定不想让法官去管理监狱或者美国公司的具体运作等事宜，但对于某些达不到特定标准的可怕行为，你还是希望法官或者立法机关能够出面予以干预。

在干预点和最佳行为之间应该存在一个很大的空间，你也需要这么一个空间，在这个空间里发生的行为还都是合法的，所以法院肯定不会干预，但这里的很多行为却可以比最低的标准好很多。我想说，这份招股说明书就是一个例子，它代表的行为要好于文明的最低标准，从这个意义上来说，任何人想把它作为案例讲给法学院的学生或者其他人听，我都会加以鼓励。

提问：说到股票的定价，如果巴菲特先生不在了，会对股价产生什么样的影响？你觉得伯克希尔的股价会有何反应？

汉密尔顿：肯定会有影响，这是肯定的，而且可能是一种非常负面的影响，至少暂时会这样。

芒格：我们中有一个人不喜欢深入探讨这个话题。（笑声）

巴菲特：对我的影响要比对股东们的影响更负面吧。（笑声）

*****

林恩·斯托特解释了股票市场的一种行为模型，在此模型中，不仅有纯粹理性的行为者，还考虑到了评价和信仰各不相同的多种参与者。

芒格：在有些人看来，由于人类存在特定的认知缺陷，所以可能出现效率低下的情况（即定价偏差），林恩，对此你怎么看？

斯托特：他们是对的。

芒格：我当然也认同他们的说法，那么这是不是意味着，如果你想预测不合理性的标准模式，你就必须听听心理学家们是怎么说的？

斯托特：这就涉及数学家出身的经济学家和自然科学家出身的经济学家之间的对比问题了。传统意义上的有效市场理论曾达到过其发展的顶峰，原因之一就是有一群经济学家真想成为数学家，这套理论假说给了他们一个摆弄希腊字母的机会，也给了他们一个表明自己是出色的数学家的机会。

在这个过程中，他们忘记了自然科学家的使命，那就是你要提出一些真正具有预见性的模型，这些模型真的可以预测出世上将要发生的事情。如果你真想提出这样的模型，那么没错，我们是应该听听心理学家们是怎么说的。

芒格：很多荒唐的念头都源自心理现象，有句谚语能够很好地说明这一点："手握锤子的人，看什么都是钉子。"

比尔·阿克曼：关于机构和个人利用指数基金的讨论我们都听过很多。但随着指数化投资的不断增加，如果你把指数基金经理们想象成一台真正的电脑，然后基于股份进行投票，就会有更多的股票被不关心具体企业的个人持有，他们追求的只是平均水平的回报，这无疑会造成更多重大的社会损失。结果就是资本的指数化程度越高，标普500公司的价格就被抬得越高，资金的配置就会变得越来越糟糕，这甚至会对公司所有者的表现带来不利影响，因为有些公司的投资价值明显被高估了。

芒格：你说得显然没错。从逻辑上来说，如果你把指数化推到极限，就会得到一个荒唐透顶的结果。

斯托特：可是，实际情况下，指数化的股权资产还不到总额的30%。

阿克曼：那只是官方的统计数字，还有巨额的资产通过非正式的方式被指数化了。

芒格：那叫作主动管理型指数投资——你会保留费用，但交付指数。

戈登：不过指数化跟糟糕的公司治理之间没有必然的联系吧？加州公共雇员退休基金（CalPERS）就是一个规模巨大的指数基金，但在公司治理方面表现得非常活跃，因为它的说法是："我们不会出售股权——我们是要长期持有的。"他们的理念倒是跟查理和沃伦有点儿像。他们说："我们是要长期投资的，所以我们必须关注那些表现不佳的公司，然后看看如何才能帮助他们管理好自己的指数基金。"

所以，事实上有一种说法，**通过指数化的金融中介机构出售股权**反而是一种更有效的公司治理方式，因为个人持股会让公司治理干预面临难以解决的集体行动问题。

芒格：嗯，女士们，先生们，你们刚刚听到了一个非常缜密、无比正确的观点。

奥斯特勒：快速回应一下林恩·斯托特对收购溢价的看法。第一点，假设你是正确的，最终的收购溢价是由超边际股东决定的，但你最终面对的依然是一个收购价格——超边际股东的收购价格，结果还是每个人都能得到一笔可观的意外之财，所以即便依据你的理论，整体的社会收益还是正值。

第二点，超边际股东为什么那么乐观——我觉得你是在做循环论证。他们之所以那么乐观，可能跟他们相对于收购方的议价能力有关。如果我是超边际股东，而且相信我们能够把收购方的钱给榨干，那才是我感到乐观和要求加价的原因。所以，你的论证没有什么说服力，我觉得你是在循环论证。

当前的评论

“正是芒格教导了伯克希尔要始终关注决策中的认知缺陷蕴含的风险，这就是目前广为人知的行为金融学。如果你想彻底了解定价误差的根源，那就好好学习，听听心理学家怎么说。”

——罗伯特·哈格斯特朗

斯托特：就收购方和目标公司之间的斗争而言，我觉得有一个理性预期在里面，而且我觉得你说得有道理，一旦目标公司知道收购方对他们感兴趣，这种预期在一定程度上就会导致目标公司的价值出现膨胀。但是收购方还有其他选择，而且目标公司的股东们也知道收购方不可能一直加价。虽然这是一种反馈机制，但还算不上是循环论证，只不过是多了一个因素，但并没有破坏基本的论点。

我同意你前面的说法，如果收购方事实上接受了最乐观股东提出的溢价，并以这个价格向目标公司的所有股东支付，那显然能够带来可观的社会收益，至少从事先分析的结果看是这样的。

让我感到困惑的是一种不太常见的情况，这种情况非常有趣：收购方支付的并不是最乐观的投资人给出的保留价格，而是**第51百分位数的投资人给出的保留价格**——这个价格显然高于保留价格曲线的前半部分。那么，位于曲线前半部分的人大多都是受益者。不幸的是，按照传统的合并规则，位于曲线后半部分的人也只能接受这个价格，虽然在他们看来这个价格非常低。那么，如果价格设定在第51百分位数，衡量整体收益就变得比较复杂了，对于这种情况我还完全不能理解。

芒格：如果你有一家单一股东的公司，然后他举行一次竞拍，你觉得最终拍出的价格会高得离奇吗？

斯托特：赢家的诅咒？

芒格：是的。

斯托特：会。

芒格：但那跟你的解释完全无关啊。

斯托特：有关系。除非假设人们有不同意见，否则赢家的诅咒不可能出现。我之所以支持异质预期理论，是因为从某些方面来说，它是一种很有用的方式，能够让人们开始关注赢家的诅咒这样的现象。

芒格：如果已经有很多收购者参与竞争，难道你还看不到赢家的诅咒吗？一个人会说："毕竟另一个家伙已经觉得它值100美元了，而且我已决定了要买，那我为什么不出101美元呢？"然后另一个家伙就会想，哦，他都觉得值101美元了。难道这不是一个心理过程吗？它带来了巨大的社会认同，也带来了很多愚蠢的行为，这些行为跟正常的供求曲线真没什么关系。

斯托特：我个人是对苏富比（编者注：拍卖会）敬而远之的。

芒格：你是害怕那些心理因素导致的愚蠢行为吗？

斯托特：是的。

芒格：我们也不去拍卖会。

芒格：林恩，假设你在打桥牌，而且你宣布说自己的策略就是只计方块和红心，不计梅花和黑桃，你觉得这是理性的打牌方式吗？

斯托特：在这方面我可完全处于劣势啊，因为我一直忙于计算希腊字母，根本没时间去学桥牌。但我觉得它可能跟其他牌类游戏比较像吧，如果那么打的话，我觉得并不明智。

芒格：如果这个世界就是多种学科的综合体，仅仅用经济学术语解释这些事情而丝毫不考虑心理学因素，明智吗？

斯托特：做什么工作都需要使用恰当的工具。

芒格：但现实不就是多学科的嘛，所以你必须借助所有学科的工具去解决复杂的问题啊。

斯托特：没错，但也得乐于挑选看起来最有用的工具。

芒格：可你总不能到了一个地方才说“我没带那个工具包，只能用手头的工具尽量做好”吧？这可不是很明智的做法，对吧？

斯托特：我有罪。

芒格：我们都有罪。

戈登：不过查理，最终你不能指望你的股东们去问他们自己是否开心吧，你会让他们去看盈亏情况。《巴菲特致股东的信》始终在传递一个信息，那就是要从根本上关注经济状况对运营公司的影响。在这种情况下，当心理学因素出现时，就应该尽量去规避它、驱散它，或者希望自己能够耐心地等它的影响慢慢消失。

芒格：让自己不去监督一大帮下属经理人、驱散心理学因素，用什么方式啊？

戈登：你当然是在跟人打交道，但在做投资的时候，在决定购买之前，你难道不会先把心理学因素排除掉吗？

芒格：是的，我们不去拍卖会。我跟林恩一样，我也害怕自己会做出什么愚蠢的行为。

当前的评论

“查理告诉我们，要解决复杂的问题，就要从多个学科角度进行思考。被引入投资界的学科思维模型可能是查理对个人投资者做出的最大贡献，这些模型能够帮助个人成为更出色的投资者。”

——罗伯特·哈格斯特朗

合并与收购

*****

1985年时，巴菲特发表评论说要把是否出售公司的最终决定权交给股东，但最近的几个案例显示，法院提到了董事出售公司的决定，尽管董事的独立性尚且存疑。对话伊始，戈登教授问巴菲特对此怎么看，同时还提出了以下问题。

戈登：我还有其他两个问题要问沃伦·巴菲特。第一，在公司面临恶意并购的情况下，你是否依然对董事们的独立性持怀疑态度？如果是这样，你如何看待特拉华的法理学研究以及最近的公司法改革？第二，目前的合并和收购活动非常活跃，达到了前所未有的高度——大多都是通过换股交易完成的，对此你是怎么理解的？

我记得你表达过对赌场社会的担忧，而且觉得这可能会造成股票的贬值。

巴菲特：你提到了我在1985年发表的观点，我想说那些观点跟我现在的立场依然非常接近。我的意思是说我的心依然属于股东。我觉得用谈判价值进行交易是有问题的，1974年的情况就是个例子，当时我知道的所有公司都是以谈判价值的一半或者更低的价格出售的，而且最优秀的公司也是如此，同时每个股东的行为也的确是在为自己争取合理的利益。那种情形让我感

戴尔·奥斯特勒、吉姆·考克斯（Jim Cox）、拉里·坎宁安、杰夫·戈登、查尔斯·雅布隆

到非常困惑，我也不知道为什么会那样，最后，我还是站到了股东这边。

我认为，在面临主动要约收购时，董事们几乎不可能做出独立的判断，所以，他们也很难给出最佳的解决方案。不过查理很可能比我更熟悉这些案例。

芒格：沃伦和我看法不同的情况非常罕见，这的确是其中之一。我倒不觉得在美国允许出现大量的并购有什么不妥。如果说一个普通的小家庭拥有一家剧院，那当然得由股东们决定是否出售这家剧院，对此我完全赞同。不过，一旦收购和大量聚集涉及很多大的社会机构，考虑到特定的法律，我也会比较担心。所以，我觉得文明社会还是应该通过立法预防这种情况出现。

当前的评论

“沃伦和查理就商业政策表达不同的观点可是很罕见的，这一点非常值得注意，特别是考虑到他们的政治立场差异，沃伦略微中偏左，而查理略微偏右。他们在伯克希尔的收购决策方面出现分歧的情况还更多一些，查理否定了沃伦认可的很多想法，沃伦还因此给查理起了个绰号，叫作‘老唱反调的家伙’。不过，沃伦也经常暗示这些分歧非常有价值。”

——拉里·坎宁安

提问：你觉得大部分股东有能力评估出售公司是否合适吗？比如说，如果你看一下资产负债表，就会发现固定资产的账面净值是按固定资产的成本减去累计折旧计账的，这跟当前的市价有很大出入，或者你看一下损益表，还有很多其他因素。对大多数人来说，准确评估公司的价值都是有困难的。在我看来，数百万购买股票的股东只不过是希望股价能够上涨，他们中的绝大多数都没有能力做出恰当的决定。

戈登：我自己觉得，如果因为股东没有能力或者容易上当受骗就拟定一套法律规则，那显然是比较荒谬的——我想从《巴菲特致股东的信》这本书中也能找到支持我这种观点的文字。我们允许人们自由购买股票，并不需要特别许可，那么一般来说，也应该允许他们自由出售持有的股票。既然我们允许股东自由买卖股票，当面临主动要约收购时，即便这些要约违背他们对公司及公司股价的希望和期望，也不应该再因他们没有评估能力去拟定法律规则了，否则在我看来就有点儿奇怪了。

巴菲特：我来做一个假设吧。假设A公司是一家大公司，目前股价是每股100美元。B公司是一家相对较小的公司，当前股价是每股80美元。A公司认为与B公司联合能带来诸多好处，于是就提出想跟B公司进行一比一换股交易。B公司的股东很高兴，因为交易完成后意味着他们持有的股票每股就可以涨到100美元，所以他们都投票表示同意，投资银行家们也乐于看到交易达成。

再假设两家公司合并后还能带来其他价值。市场对两家公司的评估都是有效的，但两家公司合并后会带来强大的协同优势，所以，有效市场会说合并后的新公司的股价值每股102美元——我们随便说个数字啊。

现在，我们来设想一下，假设有一天A公司的董事们正在开董事会，然后B公司的投资银行家们进来了，A公司的董事们说：“我

们提议用每股A公司的股票（100美元的股票）交换一股B公司的股票（80美元的股票）。”交易完成后，已发行和出售的股票总数并不会改变，两家公司能够实现的业务经济规模也不会改变，很多事情都还跟原来一样。

不过我觉得你会发现，没人会说A公司的股东应该接受这个80美元一股的股票，因为他们持有的可是每股100美元的股票，虽然假定合并后每股会价值102美元，然而已发行和出售的股票总数并不会改变，能够实现的业务经济规模也不会改变，很多事情都还跟原来一样。在这两个情境中，董事们应该有什么样的表现呢？

戈登：在第一个情境中，如果我听得没错，收购方事实上是向目标公司的股东支付超过当前市场价值的一个溢价。

巴菲特：假设合并后的新公司叫AB公司，该公司的股价至少与A公司的股价持平，也就是每股100美元。假定真合并了，而且其他事情也都是真的，A公司的董事们对那个提议应该怎么想？你觉得会有什么问题吗？

戈登：最终，目标公司的股东们拿到的股票在价值上会高于他们目前所持有的股票。看起来董事们接受那个提议也是合理的。

巴菲特：不过我更关注的是A公司的董事们的这个提议。

戈登：你的意思是说A公司的董事们提议用每股100美元的股票交换每股80美元的股票？

巴菲特：是的。

戈登：他们可能会认为B公司的股票价值被低估了，而A公司可能会让它升值。那么，假设合并后会有其他相关的收益，为了让B公司的董事会能够同意这次收购，不按比例分配，合并后公司的收益给B公司的股东们也没什么不合理的。

巴菲特：让我们假设是B主动提出要与A进行一比一换股，这次B成了收购方，而A是目标公司。你认为A公司的董事们会有何反应？所有操作都跟前面的假设一样。

戈登：这种情况有一点不同，那就是A公司的股东们持有的股票每股市值是100美元，但交换的股票市值是80美元，不过预计他们最终持有的股票会价值102美元。这就会让我觉得有点不安了，虽然我知道这每股100美元的股票可能换来价值102美元每股的东西，但事实上我可以确定自己拿到的东西目前的市值就是每股80美元。

巴菲特：你知道没有一两个月甚至更长的时间不可能完成交易，整个过程会涉及股东投票，还要走完《哈特-斯科特-罗迪诺反垄断改进法案》规定的审批流程。我想要知道的是**A公司的董事会是否会对同样的交易做出不同的回应**。

戈登：如果A公司往前迈一步——我猜你说的就是这个，如果A公司觉得满意，那么A公司的董事会很确定这两种情况的合并都会带来

杰夫·戈登

额外的收益。这的确是一个很有趣的案例。（笑声）问题是可能很难说服股东事实上这两种情况是一样的。

巴菲特：如果是第二种情况，合并后B的名字就改成A了。（笑声）

芒格：沃伦说的第二种情况非常有趣。我把它称为空类，因为它没有成员。（笑声）

巴菲特：但它证明了要么市场是无效的，要么董事们的行为会受到公司所扮演角色的影响——收购方还是目标公司。

费斯：如果你觉得巴菲特先生的第二个假设比较牵强，我想说的确存在这样的情况。最近大通银行和化学银行的合并就跟第二个场景非常相似，有些股东本来持有的是每股100美元的股票，但现在给他们的却是每股80美元的股票。很显然合并能带来协同效应，但收益的分配以及董事们是否应该支持这种分配方法的的确确会引发这个问题。

戈登：我想问问其中一位巴菲特先生。（笑声）我发现内在价值和谈判价值之间还是有差别的，这是怎么回事？我们知道你说的内在价值是什么意思，但你说的谈判价值我就不确定是什么意思了，或者它跟内在价值有什么关联，或者那个谈判价值可能高于内在价值会让你感到不安吗？

巴菲特：谈判价值是说在所有经济学假设和条件都正常的情况下，今天将会发生的交易——有人愿买，有人愿卖，等等。**内在价值可能跟谈判价值相差巨大**。谈判价值代表的是希望和恐惧，内在价值——说实话，没人确切知道它到底是什么。

不过，内在价值是，如果公司本身是一种债券，而且你可以看到从现在到最后审判日之间打印出来的所有息票，而你以政府债券利率把它们贴现回来，因为你知道有一种确定性，就像你确切地知道政府债券贴现后的数字是多少一样。那些数字会各不相同。我想说，目前跟内在价值相对平衡的谈判价值可能要比它们在10年或15年前的价值高，但这是因为我们所处的环境不同了，这只不过是环境的一种调节功能。随着时间的推移，它们也会不断改变。

戈登：但它会让你感到不安吗？从你1985年发表的言论看，你好像觉得要约收购是个问题。

巴菲特：在1974年时，举个例子啊，我可能说过谈判价值如果低于内在价值就有问题了。现在看来，如果谈判价值高于内在价值，对于我们这些购买公司的人来说就是个问题了。但就社会问题而言，事实上，每一名管理人员都会被翻出来——不管他们做的是什么工作，当谈判价值低于内在价值时，他们都会被翻出来。那意味着拍卖市场对资产的定价偏低了——好事儿、坏事儿或是无关紧要，我不喜欢可能出现的结果，因为它可能给我所谓的长期业务管理带来不利影响，会不利于业务管理的有序进行和良性发展。

当前的评论

“伯克希尔的收购策略非常清晰：绝无恶意，通常全部用现金，由于卖方看重伯克希尔文化这个无形资产的价值，包括不干涉公司的管理，承诺永久持有等，所以愿意在经济层面做出让步，结果就是收购价通常低于内在价值。”

——拉里·坎宁安

*****

戴尔·奥斯特勒认为，在20世纪80年代盛行的杠杆式现金收购中，企业狙击手们创造的国家资产被忽视了，他们带来了可观的社会净收益，但由于各种联邦法律和州法律的约束，他们得到的回报比他们应得的份额要少。

戈登：戴尔，我有几个问题。首先，目前公司合并与收购活动事实上处在一个历史性的高峰，但你却认为一系列的限制阻碍了收购活动达到最优水平，对此你怎么解释？

奥斯特勒：我关注的收购方是进行杠杆收购的现金收购方，他们不在这一波高峰中。这些新的收购没有大量的现金收购方参与，也没有用到很高的杠杆。我们看到的都是换股交易，之所以有这么多的换股交易，是因为股票市场正处在一个历史性的新高上。对此我的解释是：相对于现金报价，换股交易并不会在很大程度上让收购方处于劣势位置。

因此，只要股价离开高位，我们用股票进行收购就没有优势，

戴尔·奥斯特勒

到时候杠杆收购会不会在现金市场复苏就看竞争情况了。我觉得换股交易也会让收购方处于劣势地位，只不过程度上没有现金报价方式那么严重，主要是因为《威廉姆斯法案》对这些换股交易并没有什么影响力。

戈登：要把恶意收购方和其他收购方区别对待，因为换股交易的结果是一种平等的合并，事实上，双方的协同还能为第三方的袭击制造障碍。相对于公开市场的竞拍机制来说，第一收购方能够保留更多的收益。所以说换股交易还是挺好的，就算从适当激励收购方的角度看也是如此。

奥斯特勒：这就是你跟我不同的地方。就时代华纳这个案例而言，你担心的是时代，而我惦念的是华纳。如果你站在华纳的角度上看这个问题，你的看法就不同了。此外，换股交易代表一种不同的案例。我认为收购方在换股交易中的劣势并没有那么明显，换股交易通常是法定合并，对股东投票有明确的要求。在这些收购中没有太多的股票要约收购。你谈的是法定合并和现金要约收购的区别，我想那正是影响所在。

戈登：戴尔，我想请你谈谈查理·芒格此前发表的评论，**他担心的是如果不对公司治理进行必要的规范，就可能导致市场出现瀑布效应**。尽管在20世纪80年代出台了不少法规，可是并购活动依然非常活跃。最终让这些活动停止的可能是垃圾债券市场的崩溃，并非出于监管原因。如果按照你期望的方向发展，会导致芒格担忧的那些社会问题，对此你到底关不关心？

奥斯特勒：查理，我不知道如何解决那样的问题，因为在我看来，瀑布总不是什么好事儿，我想，除非你谈的是河流和瀑布的那个瀑布。在我看来，如果你能够为参与其中的人们创造价值，收购就是好事儿；如果你不能，那就不是好事儿。在任何给定的时间里，数量几乎都是不相干的。

在技术突飞猛进的时期——我想20世纪80年代就是如此，当时很多行业都在飞速发展，在职的经理们却没有跟上这种步伐——你会看到很多收购。在我看来，无论什么时候，你要关注的都是收购的质量，而不是数量。我这么说对你没有不公平吧？

芒格：就拿现在这个时代的案例来说吧。对于横向合并的数量这个社会感兴趣吗？假设股票价格再上涨50%，而且司法部的标准放宽——他们现在就是这样的，他们允许出现大量的横向合并活动。如果你说，我只看股票市场，每次交易后我都能看到股东们拿到的报价变了，所以这带来了很多社会利益，我得说我没听懂。

我认为，社会利益需要更宽泛的计算方法。这个世界想要多少横向合并？讨论这样的问题非常有趣，对此我也没得出一个完美的结论，不过在脑海中我能看到存在的危险。

但另一方面，我看到很多金融推销公司空手挣大钱，而他们的主要贡献就是把一家子公司卖给竞争对手，然后再从另一家子公司挤点儿血出来。社会可能接受这种方式，但也可能不接受。

巴菲特：那你支持哪一边啊？（笑声）

芒格：如果一个人什么也没发明，比如说没能改善工厂或者发明更好的系统，结果却得到了巨额的回报，那么通常来说，我不喜欢这样的社会体系。当然了，你可以说我是在谴责我自己。（笑声）我只能说这几乎是故意的。

当前的评论

“这次讨论用的词是‘推销公司’，而不是金融中介公司，在2016年时更著名的可能是后者。”

——黛博拉·德莫特

奥斯特勒：反垄断问题是真实存在的，不过那是另外一个问题了。不管你是否应该允许同行业内的合并，我们都有一部反垄断法，如何解释这部法律是那些被选出的官员们要为我们做的事情。他们可能做对，也可能做错。但在我看来，你的反垄断政策应该对规范收购方和目标公司的收益部门持中立态度，除非你的反垄断政策非常严格，对一个像样的反垄断政策来说，这只能是次优选择。

芒格：那是个不错的想法。

奥斯特勒：我不希望是那样。我还没对反垄断失去信心。

芒格：那你对人性的认识还不够愤世嫉俗。（笑声）

当前的评论

“我依然坚持当时跟芒格先生探讨时表达的观点。我们有很多干涉杠杆收购的法律。这些法律不是要阻止杠杆收购，而是要影响各方利益分配的方式。在收购带来的收益中，拿大头的依然是目标公司的股东。法律并不鼓励收购方，而是鼓励目标公司的董事会花费大量的资源去阻止收购努力以及/或者股东的要求，同时还激发出一个对冲基金行业。如果董事会固执己见、负隅顽抗，就可以借助基金的力量予以化解。由经纪人安排的政府救助出现的概率也更大了。这些对整个社会来说都是损失。”

——戴尔·奥斯特勒

*****

查尔斯·雅布隆探究了企业文化在合并时扮演的角色，他推测巴菲特认为个人性格是企业文化中的一个重要因素，他也提到了当代的一些收购案例，包括时代华纳。雅布隆猜测巴菲特的收购方法与特拉华法律的要求类似，包括董事会的回应也跟时代华纳案例类似，比如拒绝出价更高的全部现金收购要约，选择换股合并或者现金股票各占一半的要约。他把巴菲特想象成特拉华州最高法院的一名法官，并就一个假想的恶意收购场景提出了三个问题。

雅布隆：三个基本的问题：目标公司的管理层会参与一个合理的审议过程吗？他们认为白衣骑士的交易要约能为股东带来更长久的价值，按照已知的以及可以合理预测的经营地位，这个结论有经济上的意义吗？还有，就他们在这种业务状况以及此前的业务状况中的表现而言，目标公司董事会的人是否证明了他们是值得信任的？

除非能够表明这三个标准都得到了满足，且超过我所主张的证据数量，否则巴菲特法官不会支持管理层的决定，也就是说不会抵制出价更高的现金要约。我还主张在这种情况下应用这些标准，我觉得它们并不糟糕，谁知道呢，它们甚至有可能是特拉华州的法律。（笑声）

巴菲特：权益部分比较棘手，特别是在有纳税股东时，他们在另一半交易中本来可能不需要纳税的。所以，我觉得现金要约很容易决定。我觉得你在有关权益的假想案例中的确加入了自己的判断。如果我是目标公司的股东，我可能倾向于任何一种情况，这要取决于收购方股票的具体前景以及大量股东的计税基础。所以，在涉及权益性证券的案例中，我觉得两种情况都有可能。

芒格：可是，你想让特拉华州最高法院利用其对投资绩效的判断能力做出决定吗？或者你想说，这属于经营判断规则的范畴？

雅布隆：或者你会创造某种强化版的经营判断规则，依据这个规则，特拉华州最高法院可以提出一些盘查性的问题，以便了解管理层是如何通过调研得出结论的。

巴菲特：看过整个过程后，我觉得依靠它会让我担心。（笑声）

芒格：整个过程就是聘请专家然后依靠他们做出评判，这些专家遵循的原则是“吃谁的面包唱谁的歌”——如果特拉华州最高法院认为这是正确的管理方式，那么，他们错了。

巴菲特：如果有人给我提出了建议而且交易通过了，我应该付他500万美元，那我觉得也应该付500万美元给另外一个人，也就是建议我不要交易的那个人，但只有在交易未能通过的情况下这个人才能拿到500万美元。（笑声）

戈登：除非，事实上，我觉得巴菲特法官的说法跟你提议的规则是有分歧的，因为我听到他说的是，这件事应该交给股东们去做选择。就目标公司的防守战术而言，我们看到的问题是，事实上一旦涉及法律问题，董事会的决定就是不让股东们去做选择。

雅布隆：巴菲特法官刚才的意思是，有时候股东们的选择并不

查尔斯·雅布隆

能确切地发挥作用，因为不同的股东对于同样的要约可能会有不同的倾向。如果多个要约非常接近，那么问题就变成了你是否遵从管理层的决定。

巴菲特：假设伯克希尔面临一个收购要约，我们的股票有将近90%被税基不足每股100美元的人持有。（笑声）他们在权衡两种不同的要约时可能会有不同的想法，一种等同于他们非常乐意继续持有的证券，而且还是免税的，另一种则是溢价5%的现金。

戈登：假设股东们能够选择，那你说得没错。为什么不假定股东们能够做出理性的选择呢？而且这就是问题所在，让伯克希尔的董事会去规避那个选择，依照你的假设，股东们本来也不会倾向于那个选择啊。

巴菲特：如果董事会做出的决定90%的股东都不喜欢，那可不是我想看到的。他们大概也会采取行动。

戈登：好，在我听来，你的意思好像是说，巴菲特法官会拒绝提议的标准，因为它取代了目标公司的董事们针对目标公司的股东们权衡的因素拟定的一套流程、测验和判断。

芒格：我不确定那是不是完全正确。（笑声）你可以站在收购方的角度再好好想一想，也就是那家提出用一半现金一半股票完成合并的公司。如果说那会自动触发拍卖机制，直接把公司卖给出价最高的一方，那么谁还会参与交易呢？因此，再次强调，如果你认真思考一下一种法律规则带来的后果，你可能就会得到结论，就会知道什么样的规则才是合适的。我认为那些结果是非常致命的。

如果法律规则说，提出用一半现金一半股票完成合并必然会触发拍卖机制——我会认为那样的法律规则简直太傻了，我根本不能确定那就是特拉华州的法律。我觉得或许企业可以进行那样的合并，投票就好了，不管结果是赞成还是反对都予以接受。而且我觉得他可以强迫自己不听任何人的意见，直到投票结束。另一个人可以说："如果你拒绝我们，我们就会提出现金收购要约。"

雅布隆：他们可能必须得听听。

芒格：听什么？

雅布隆：我觉得他们可能必须得听听其他要约是什么样的。

芒格：听什么？

雅布隆：我不认为他们可以强迫自己不听听其他邀约是什么样的。

芒格：我觉得他们可以强迫自己让股东们去做决定，在投票结束之前，他们可以对其他任何事情充耳不闻。至少我已经起草过允许那么做的协议。（笑声）

会计与纳税

*****

埃利奥特·韦斯探讨了巴菲特写给股东的信是否容易理解的问题，特别是对学习会计与评估的学生而言，包括是否能够理解这些工具的局限性和延展性。

巴菲特：让我感到困扰的是，除了刚才列举的那些事情，我看到审计人员也在摇旗呐喊。我心里暗想：“大的会计师事务所就你们六家（**编者注：1996年时，整个审计行业由六家会计师事务所主导，后来缩减为四家，1998年普华和永道合并，2002年安达信倒闭**），你们必须联合起来，并达成一致意见，不能这么玩儿，不能给整个行业的从业人员脸上抹黑。”要想得到一份更好的财务报告，并不需要审计行业付出多大的努力。可是，他们没能尽到自己的职责，事实上，他们成了同谋。

毫无疑问，作为伯克希尔的首席执行官，我汇报的收入数据一定存在不小的偏差。我不知道如何才能对这些数据进行精准的量化，有些数据稍后会给大家补上，比如说保险准备金。在一家保险公司里，特别是长尾业务，你可以随心所欲地描绘公司的发展前景，因为接下来的那段时间非常长，公司完全有可能并购其他上市

卡尔文·约翰逊、埃德·基奇、路·洛温斯坦（Lou Lowenstein）、埃利奥特·韦斯、吉姆·里佩蒂

公司，也可能进行重大的公开发行。

卢·辛普森：说到现金池和通过技术处理保护现金池的问题，我觉得很多公司认为市场是愚钝的，它们觉得市场根本不会关注公司的实际经济状况，看的只是利用会计准则呈现出来的数据。这么说可能很天真，但我觉得经过一段时间后，市场会看到公司真正的经济状况和收入情况，如果公司觉得它们能够操纵会计数据并让市场相信这些数据，那他们无疑是在愚弄自己。我是不是太天真了？

芒格：我可以部分回答这个问题。分享一下我对生物学和心理学的热爱，他们在动物园里拿猴子做过非常有趣的实验。他们打造了一套体系，猴子可以通过完成各种任务得到一个代币，而代币可以立即换成一根香蕉。猴子很快就明白了，它们开始为得到代币努力工作，就像此前为得到香蕉努力工作一样。你几乎无法想象公司的管理人员能比猴子们做得更好。（笑声）

巴菲特：在特定类型的市场上——肯定包括20世纪60年代的市场，可能也包括最近一些时期的市场，有些人要么是太聪明，要么就是见利忘义，他们觉得宁愿买进被操纵的收入，而不是真实的收入，因为在一段特定的时间内，被操纵的收入达到既定目标的确定性更大，而他们会在公司崩溃之前出场。我在20世纪60年代亲眼看到过这样的情形。总有人觉得玩资本游戏是合理的，在他们出场之前游戏不会结束。我想说我完全认同卢的观点，不过在财务报表被操纵的那段时间内，有很多钱会被换手，最终世界各地的全国学生营销组织（National Student Marketings）的声誉都会受到影响。

路・洛温斯坦：亚瑟・怀亚特（Arthur Wyatt）是美国著名的会计学家，曾在安达信任职，多年前他做过有关资产负债表外融资的报告。在超级市场控股公司（Supermarkets General Corp），为了不让融资出现在资产负债表上，我们可是付出了巨资的——在我成为总裁之前。这种做法很流行。负债就在那里，但我们不想让它出现在资产负债表上。他在报告中提到了一项研究成果：40%的证券分析师——可能更重要的是信贷员——都遗漏了资产负债表外融资。如果你能始终愚弄40%的人，那的确不错。

在通用电气，杰克・韦尔奇一直致力于每股收益的提升。有一年，收益的确下降了，但韦尔奇调高了对养老金计划和后进先出法储备清算的假设，这么做很容易就能把收益做高。在九名给出报告的证券分析师中，只有一个人留意到了这个事实。韦尔奇愚弄了九分之八的分析师，在这个游戏中显然是大赢家。

20世纪60年代的每股收益——本・格雷厄姆（Ben Graham）就此写过很多文章——就是你发行了可转换优先股和认股权证，但在行权之前没人关注。那很愚蠢，但每个人关注的都是那些数字。在一个理性的世界里，可不会发生那种情况，但在现实世界中——男人们总想出去吃饭，总想去追女孩儿，去打棒球——这个世界是不完美的，路对此很清楚。

韦斯：我注意到了沃伦的评论，特别是关于保险业务的评论，给我的印象就是：我不是财务分析师，而且从未在任何此类领域受过正式培训。但在我这个观察者看来，事实上每家公司的财务上都有一个或多个账户从本质上就是主观臆测 的结果。就保险业务而言，确认这些账户非常容易。你如何预估损失准备金，或者如何应对零售业务中的库存问题，这是会计制度必须要面对的问题之一。

这又通过一种不同的方式，把我们带回到了在过去的几天里探讨的一个主题：你能在多大程度上相信给出数字的那些人是诚实的？他们必须做出一些主观判断。就再保险业务而言，你根本不可能为损失准备金找到一个客观上准确的数字。这里存在一个合理性的范畴。那些做预估的经理是否诚实可信才是最终的决定因素。

巴菲特：让我感到困扰的是，埃利奥特，那些原本非常诚实的人，那些你在任何情况下都会信任的人——你都可以把他们当作遗嘱信托人——他们也都变得没法相信了。 作为一家大公司的经理人，你得决定要不要玩会计游戏，特别是审计人员建议你玩的会

计游戏，这已经是一种很普遍的现象了。

比如说，在重组方面发生了什么？在收购会计调整方面又发生了什么？我在具有重要意义的案例中看到过审计人员对管理层说："在这个时间点上，要想让稍后报告的数字更好看，你可以这么做。"由于各种各样的事情，根本没人会关注这段时间内的数字。

高级别的人被收编或者说顺从的程度很重要，你也可以用其他词。要净化整个系统非常困难，因为不再有好人和坏人了，六大事务所联手就可以决定一切。

当前的评论

“审计行业本可以好好听听巴菲特开出的富有希望的处方。相反，就在这个研讨会召开的1996年，会计舞弊正在安然、环球电讯、奎斯特和世界通信等公司上演。这些事件以及其他类似事件曝光后，安达信倒闭，萨班斯法案重新规定了审计职能的架构，审计委员会重新获得了对审计人员施加影响的权力，美国公众公司会计监督委员会也正式成立。”

——拉里·坎宁安

*****

卡尔文·约翰逊表示，可以假定财务会计标准对于资本市场的正常运转而言是不可或缺的，他还强调说，所有准则都应专注于投资者的利益。约翰逊说，就会计处理而言，虽然巴菲特通常都会站在投资者这边，但他对伯克希尔收购斯科特·费策尔时采用的会计处理方法持批评态度，他认为这是权益结合法。此外，他对伯克希尔对世界大百科全书库存采用的会计处理方式也颇有微词。

洛温斯坦：就这个话题来说，我已经准备好为沃伦辩护了，但我相信沃伦对此更有发言权。沃伦，如果你的确采用了这种方法的话，能说说你为什么对权益结合法那么着迷吗？

巴菲特：我没有采用这种方法。我们总是采用购买法，因为从根本上来说，购买法能够反映出真实的情况。事实上，我不太确定我们是否用过权益结合法。

芒格：我们曾用过部分权益结合法。

巴菲特：好吧。

路·洛温斯坦

芒格：但我们基本上还是采用**购买法**。你指的是我们所做的选择性计算。我认为管理层有权告诉公司的股东——事实上也应该这么做——他们对实际情况的看法。所以，我们使用的是符合美国通用会计准则报告要求的会计处理方法，我们会替换某些数字，而且我们会说，这是我们关注的东西，我们觉得这些东西很重要。在我们看来，这么做是合理的。

巴菲特：大部分情况，我们都会支付给被接管公司远远超过其资产净值的溢价，我觉得这是付给我们所谓的经济商誉的费用。我们甚至都不看工厂。在收购斯科特·费策尔之前，我们没看过他们的工厂；在收购H.H.布朗之前，我们也没看过他们的工厂。我从来都没去看过H.H.布朗的工厂，我们不是依据对物理资产的评估进行思考的。

我们考虑的是经济商誉。我们觉得经济商誉在资产负债表上应被记为投资。我们甚至认为，如果我们给付的股票具有较大的内在价值，在会计处理时就应该记录一个高于其市价的价格。

至于世界大百科全书的库存，我们使用的是后进先出估值法，所以我们总是先计算当前的成本——我们没把任何库存的减少计为收入。我们基于后进先出法，使用的是当前的成本——这显然能够反映出后进先出的原则。

如果我们能够选择针对斯科特·费策尔的会计处理方法——事

实上我们没有，那么首先要拨付我们针对特定资产支付的溢价，剩余的部分就是商誉——我们认为全部是商誉。在我们基于购买法收购斯科特·费策尔之前，直接对工厂的账面价值进行了调整，目前工厂的账面价值已经比我们收购时小了，所以，我们事实上没有遇到重置价值过高的问题。工厂目前的账面价值是4900万美元，此前的数字可比这个大多了，而且它还挣到了更多的钱。

我们购买的其实是经济商誉。幸运的是，斯科特·费策尔的经济商誉还没贬值。在我们看来，在购买价格中拿出5000万美元用于支付工厂和设备的价值，如果有人告诉我们说这就是重置价值——我们可不是这么看问题的。我们可能会被要求在账面上那么做，但我们也想告诉股东们我们到底是怎么看的。

约翰逊：收购方法显然是强制性的，必须得符合美国通用会计准则的要求，而且你们的报告也是这么做的。我接受你对问题的澄清。我要批评的是你们采取的替代方法，你们对斯科特·费策尔的旧资产账户很感兴趣，而且希望伯克希尔能够使用它们，你们还说它们很不错。

巴菲特：我们就是那么认为的。

约翰逊：我同意你的说法，商誉不应该折旧。我花了一年的时间，试图确保不能出于避税的目的对商誉进行折旧。我向最高法院陈述过我的意见，后来也出席了国会的听证会。我听到每个人都在说我的意见是对的，商誉不会贬值，它只会升值。虽然我尽了最大的努力，但他们还是允许企业把商誉的账面价值在15年内削减完毕。我觉得这是一个很糟糕的经济决策，他们竟然允许在15年内核销一个我们知道正在升值的东西。我真希望你当时就在那些听证会的现场，就在证券听证会的现场，因为有两个堂·吉诃德可能更好一些。

巴菲特：我们只买我们认为会升值的东西。

约翰逊：在21世纪，一切都跟商誉有关。我们看到的钢铁会越来越少，但硅会越来越多。我们正在改变要素。如果不能在会计上处理好商誉问题，那你基本上就是把公司股票的成本在15年内核销掉了，这其实根本说不过去。

补救方法肯定不止一种。我同意你的说法，商誉是不可摊销的。但在收购世界大百科全书时，并没有太多的商誉，但你们支付的溢价比收购斯科特·费策尔时还高，事实上这些钱都付到工厂和设备账户上了。

巴菲特：我们是按要求做的。在我们看来，这些钱都是为商誉支付的，但按照要求必须进行拆分，依据的就是存货的先进先出价值，财产、厂房和设备的评估价值、剩余价值，有些甚至用来支付递延所得税负债了。

我们是这么对股东们说的："我们必须遵循规则，但**在我们看**

来，所有溢价都是付给商誉的。”我们还认为商誉不会贬值，否则我们一开始就不会买它。我们必须得那么记账，但这并不是我们希望的方式，所以我们会向股东们解释我们的真实想法。

坎宁安：我有两个问题。就在几分钟前，路易斯告诉我们，财务会计准则委员会正在考虑是否在未来的几年里彻底取消权益结合法，也就是说这种方法不能用了。卡尔文，你觉得有这种可能吗？我的另一个问题跟商誉的折旧有关：我们探讨的是商誉的贬值或升值问题，还是成本分摊问题？

约翰逊：我认同巴菲特的观点，商誉通常不会贬值。我认为他的意思也不是说世界大百科全书的工厂和库存毫无价值或者说对他而言是零成本。

洛温斯坦：但会计人员会把它作为成本分摊对待，就像我们对待工厂的成本一样。折旧并不会反映价值的改变，它反映的只是一段时间内的成本分摊情况。

约翰逊：商誉的摊销时间是40年，也就是每年1/40，即2.5%。所以，它是可以折旧的，只不过折旧率不高。我的观点是商誉是存在的，提出商誉这个概念完全没有问题。在下一个世纪里，所有公司靠的都是商誉。那些软件公司可能没有资产——只有一帮员工、设计、租赁；它们没有资产，但它们可能价值20亿美元。这都是商誉的价值，这是真的，一点都不假。

如果单纯看资产负债表，这些公司会显得很穷。理论上来说，资产负债表应该是一份财富声明或者一个储蓄账户。通过资产负债表，你应该能够说出下一年的资本收益率是多少。但是，会计们对资产负债表的忠诚度早已消失殆尽，现在的资产负债表简直就是垃圾，上面只有一些还没有被冲销的杂项成本。这意味着无论什么时候有人购买这家公司，都要付出比账面价值大得多的成本，这笔多出来的成本就是为商誉支付的。

坎宁安：听起来这跟你的主张是一致的，也就是在美国通用会计准则中引入现值以及类似的概念。

约翰逊：是的。我希望由投资银行家来起草这些规则，而不是由会计人员起草。美国通用会计准则真的是垃圾。对投资人来说，美国通用会计准则基本毫无价值可言，但现在却没人去修订和完善这些准则。

芒格：哦，不过，如果你喜欢投资银行会计准则——这在世界各地的私募招股说明书上都能找到，如果你已经厌烦了传统的会计准则，你的确应该去看看投资银行的会计准则：他们讲的是EBDA——扣除任何东西之前的利润。（笑声）

洛温斯坦：埃利奥特说过美国通用会计准则是一道需要逾越的障碍，其他人也说过类似的话。在过去的几年里，美国财务会计准则委员会整个机构都备受非议，而且这种非议越来越多。围绕股票期权会计问题的斗争以美国财务会计准则委员会的失败告终，此外，美国财务经理协会最近通过了一项提议，把对美国财务会计准则委员会的外部审计提上了议事日程，受此鼓舞，要求美国财务会计准则委员会采取更亲商姿态的呼声越来越高，这种呼声也是在对商业界表达同情之心。我发现这其实挺可怕的——这显然并不符合卡尔文所说的忠于投资人的原则。还有其他人为此感到困扰吗？

巴菲特：在19世纪90年代，印第安纳州立法机关收到了一份法律草案，有位立法委员希望把圆周率的数值改为3.2，他解释说，对印第安纳州的中小学生而言，记住3.14159这个数值太难了，他觉得如果改成3.2事情就简单了。（笑声）（编者注：参见斯科特·麦莉2015年3月14日在印第安纳州安德森市的《先驱公报》上发表的文章"3.1415=圆周率=困难"。请注意，这份提案是基于一名业余数学家埃德温·古德温的工作提出的，但被普渡大学的数学教授克拉伦斯·瓦尔多给否定了，他对前者的假设进行了反驳。）

约翰逊：我觉得，在过去的几年里，任何有关美国财务会计准则委员会的问题最终都是管理层赢了，如果投资者能胜出，那才是巨大的进步。我真觉得我们得抛开美国财务会计准则委员会美国通用会计准则中的那些数字了；对于投资者来说，它们真的一点用都没有。一方面，每家公司，即便是规模最小的公司，每年都必须在会计人员身上花费30万美元，而且还要应付一整套的体系。问题的答案或者是这样的，**美国通用会计准则**已经被中世纪的理论和管理层的影响给腐蚀了，这个准则已经不值得去遵循了，我们应该重新开始。

另一方面，在某些时候，事实上你必须**为投资者提供信息**。投资者不可能凭直觉获得所需的信息，他们也不可能自己翻翻文件就得到所需的信息。他们最终需要的信息必须是准确的，而且要符合投资理论。这些信息必须能够融入特定的投资模型中。我

不知道这些信息是否要告知美国财务会计准则委员会或者要避开美国财务会计准则委员会，我觉得是要避开美国财务会计准则委员会。

但我也认为这个国家渴望这样的方式，因为通过这种方式提升整个国家的生产力不需要太大的投入。如果说什么基因能够做到四两拨千斤，我想这个基因就是找出有利于投资者决策的数据，而不是帮助管理人员获得丰厚的报酬和帮助他们保护自己。我不知道如何才能做到这一点，但我认为这很重要。

巴菲特：我对此表示赞同，但有趣的是，我们发现财务信息——即便是呈送给我们的财务信息——非常有用。在过去的一年半时间里，我们买了四家公司——第四家正在进行中，我们有的只是两件东西：财务信息以及我们对经济特点的些许思考。我们接受了——我不应该说完全认可我们看到的数字，但依据美国通用会计准则提供给我们的数字已经足够了，我们完全可以基于这些数字决定是否买下一家公司，我们甚至都不需要去看他们是不是拥有工厂。

洛温斯坦：20世纪80年代恶意收购运动的依据主要是公开的财务信息。

巴菲特：我们每天都在这么做，我们已经为使用公开的财务信息花费了数十亿美元。但也有很多财务信息我们是不会使用的。

*****

埃德·基奇称赞说，《巴菲特致股东的信——股份公司教程》一书能够用通俗易懂的语言阐述会计数字，更好地帮助人们理解一些简单的衡量指标，比如每股收益。但他猜测其他公司不会这么做，因为证券法律认可美国通用会计准则，大家不愿意去承担风险。巴菲特的回应开启了这场对话。

巴菲特：在我的记忆中，在过去的15年里，我们从来没在分析报告中提过每股收益。美国证券交易委员会和美国通用会计准则都要求我们在五年财务概要中标明每股收益。但鉴于你提到的那些原因，有很多人关注这个数字，但我觉得这个数字的作用已经非常有限了，你还不如去看每个业务单元的经营业绩，那些数字可比每股收益有用多了。所以，在我的记忆中，我从来没在公司的年报中用过每股收益这个字眼。

听众发言：如果概括一下过去两天我们探讨的所有问题，可以把它们归类为短期的商业欺诈。如果要概括一下巴菲特和芒格哲学的话，那就是它不仅是一种长期的承诺，也是对永久所有权的承诺。那么，通过改变税法让永久所有者得到回报是不是一种解决方案呢？

目前来看，这种观点已在各种场合屡被提及。沃伦有一次建议说，要对一年内的收益征收100%的资本利得税。其他人也提议依据持有证券的时间对资本收益进行相应的调整。沃伦和芒格的例子已经表明，永久性投资有诸多的优点，或许我们应该竭尽全力促进立法，通过法律的形式对永久性投资或者接近永久性的投资予以奖励。

基奇：我倒不觉得必须得去立法。很显然，你可以看到，伯克希尔·哈撒韦有一套自己的体系，他们通过这个体系努力引导股东们长期持有公司的股票。比如说，伯克希尔·哈撒韦鼓励人们对持有的股份进行登记。举例来说，只有对股份进行登记后才能享受慈善捐赠计划带来的各种好处。当然了，证券行业一直在排斥记名股票，他们会说，只要在券商那里开个往来账户就行了——因为这显然会让转让股份变得更容易。

听众发言：伯克希尔只能算一个特例，当然了，他们的做法很值得钦佩。但最好是能通过书面的形式，让美国的上市公司开始遵循伯克希尔的模式。在我看来，首先得迈出第一步吧，比如说，对短期的资本收益进行征税。

吉姆·里佩蒂：这个我们此前已经探讨过了。我觉得这个假设是有问题的。我认为，为自己投资的人应该都希望管理层能有长期性的观点。如果我是为自己投资，我就会明白，股票的卖出价在一定程度上是由购买者对公司长期发展前景的看法决定的。所以通常来说，你会认为投资者希望管理层能做到从长计议。我过去就曾建议过，真正的问题在管理层——问题不在投资者这边，当然机构投资者除外，因为他们并不是为自己投资。

洛温斯坦：沃伦几年前就提过类似的建议，但后来他放弃了。我这个人比较愚笨，而且不那么敏感，所以一直在通过不同的方式提出此类建议。我认为，南希·卡斯鲍姆（Nancy Kassebaum）、费利克斯·罗哈廷（Felix Rohatyn）和凯恩斯（Keynes）是最早建议对短期交易予以惩罚的几个人。如果能让投资者从长计议，就能更好地对管理层施压。正如吉姆所言，华尔街可能有一些人不这么看，从计划摊还证券（PAC）资金的流动情况判断，这些人的影响力可能比我们的影响力还大。

当前的评论

“直到今天，人们一直为公司管理层以及某些短期资金经营者的短视担忧。事实已经证明，税务制度没有办法促使他们从长计议。因此，我们需要找到更好的办法去平衡管理层的利益（也就是薪酬）和投资人的长期最佳利益。”

——吉姆·里佩蒂

费斯：大家谈论的其实是两件不同的事情。我们希望管理层能有更长远的眼光，你们希望投资者投资的时候更关注长期收益，但这并不意味着我们想阻止交易，或者我们要杜绝证券市场的流动性，可有些提议的确是在威胁这种做法。人们之所以愿意把钱投到资本市场里，是因为这个市场既提供了流动性，也能带来长期收益。如今，很多资本都投到上市公司里了，如果你说投进来的钱不能拿出去，那很多人可能就不会投了。

洛温斯坦：我觉得这引出了另一个问题——市场需要多大的流动性？这就好比给轮毂加润滑油一样，加到多少会造成车轮打滑和跑偏呢？1960年，纽约证券交易所的换手率是14%，我想当时没人抱怨缺乏流动性。现在，如果你把场外交易也考虑在内，换手率是70%～75%，那么，到底多少才算充足呢？流动性的成本可是非常非常高的。

当前的评论

“纽约证券交易所的股票换手率在2008年攀升到了138%，随后，由于高频交易导致的报升，2012年又回落到了1996年时的水平。”

——拉里·坎宁安

费斯：即便是对伯克希尔·哈撒韦来说，选择在纽约证券交易所上市也证明了他们认可投资者从流动性上获益。你希望自己的股东都能长期持有公司的股票，但你也知道投资者有时也有退出的需求，他们需要拿回一些现金，因为他们得送孩子去上大学，或者在其他方面急需钱。

洛温斯坦：我想是这样的，沃伦也能回答这个问题。伯克希尔股票的交易量并没有出现明显的攀升——在我看来交易量依然很小，但他们的确是在绕过经纪人，然后进入真正的拍卖市场。不过，沃伦，你们当时为什么要去纽交所上市呢？

巴菲特：我们根本不认为有必要提升市场的活跃度。事实上，在我们上市的那天，我对专家吉姆·麦奎尔（Jim McGuire）说：

“如果这只股票的下一次交易出现在两年后，我会认为你取得了巨大的成功。”他们当时看起来并不是很兴奋。（笑声）

不管我们买什么，无论是可口可乐、吉列，还是任何其他公司的股票，我们的心态都是一样的：如果交易所关门歇业，就像1914年那样，我们依然愿意持有这些股票。如果交易所关门后我们就不愿意拥有此业务了，那么在交易所正常营业时我们也不会愿意拥有。

尽管如此，**流动性对我们来说还是一个相对温和的加分项**，它不是减分项。对于伯克希尔的股东来说，它还是加分项。但如果流动性成了伯克希尔股东很大的加分项，那他们肯定不适合做我们的股东。

当前的评论

“即使交易所关门了也愿意持有某只股票，这正是巴菲特投资信念的写照：长期来看，商业价值的增长并不取决于短期的股价，而是取决于长期内在价值的提升。”

——罗伯特·哈格斯特朗

洛温斯坦：在《就业、利息与货币通论》（*The General Theory of Employment, Interest, and Money*）一书中，约翰·梅纳德·凯恩斯（John Maynard Keynes）在以投资为主题的第十二章中对流动性有非常中肯的评价，这一章的篇幅很短，只有18页，却非常有启发意义，我强烈推荐不熟悉流动性的人读读这一章。

约翰逊：由于担心出现锁定效应，我们在税法方面投了很多钱。为了应对资本收益偏好方面出现锁定效应，我们采取了一些还比较粗浅的补救措施，并为此给出了高达数十亿美元的税收优惠。现在你告诉我说，我们在过去的80年里花的钱都是浪费，因为锁定是好事儿啊，不是坏事儿。而且从某种意义上来说，我们已经有很强的动机去保护你们的财产。我们调整了财产持有人死亡时的计税基础，而且设定了一个能够有效鼓励长期持有财产的税率，持有时间越长，税率就越低。我们通常认为资本收益偏好是一个需要解决的严重问题，而不是一个解决方案。

此外，有人说我们需要有更多的阐述，我不赞同这种说法。我们需要数字，需要一颗能够为我们指明方向的北极星。一幅地图能够概括某块土地的大部分信息，但地图不会告诉你当地的特色，不会告诉你文化的丰富性，也不会告诉你树林里住着哪些神仙，地图上只有一些简单的数据——东西南北。在地图上，你能看出自己当前要面对的是水域还是沙地，这就是地图，这就是地图方便对比的原因所在。

我费了很大的劲儿告诉我的学生说，金融分析师们对投资的描述实在太抽象了，我们甚至无法知道投资到底是糖果机、部件库，还是年金。事实上，出于概述目的，我们正试图从中得到一些数据。我觉得再完美的生活也无法帮我们解开所有谜语。投资就好比一团完全无法被人理解的糊状东西，只有当你最终拿到一些数字时，你才会找到一些有价值的东西。

芒格：我觉得，如果你能从两个到三个不同的立场去看待这团东西，你对它的理解就会更深入一些。就拿建筑物来举例吧，跟从一个方面看它相比，如果你能从顶部和侧面看它，可能还参考了建筑师的方案，你对它的理解就会深入多了。所以，恐怕现实就是一团糟。如果你想理解它，你就得有处理这团东西的能力。爱因斯坦曾经说过：“任何事都要尽可能将其简化，但又不能过于简化。”

*****

吉姆·里佩蒂全面回顾了企业所得税方面的法规，特别是那些涉及管理层和股东关系的法规，比如黄金降落伞，拒绝接受那些用金钱弥补管理无效的做法，比如资本收益偏好以及对公司和个人采用差比税率。

洛温斯坦：那是否意味着你也希望看到取消企业所得税呢？我知道的确有人提出过这样的建议。

里佩蒂：有个提议是把游戏的天平朝一侧倾斜，建议取消个人所得，也就是说，在公司层面保留企业所得税，但股票持有人获得的分红不需要纳税。这肯定会给管理层带来巨大的压力，这种压力甚至可能超出他们的承受能力，而这无疑会使游戏的天平朝另外一个方向倾斜。

此外，我觉得可能也存在收入方面的考虑。即便企业所得税目前仅占联邦税收总额的12%左右，但如果取消企业所得税，那么政府的税收就会出现12%的缺口。我不希望游戏的天平朝任何一侧倾斜，我只想看到一个公平竞争的环境。

当前的评论

“2003年，资本利得和股息开始适用同样的税率。至于这种对等是否会影响公司的股息政策，经济学家们还没有达成共识。”

——吉姆·里佩蒂

芒格：我觉得有些问题的答案绝对是有决定性的。如果你想按照民主的方式办事，那你至少得考虑一下法律，至少法律不能让人恨得咬牙切齿吧。

拥有500万美元股息收入的家伙根本不用交所得税，可一个每周工作90个小时的出租车司机却要缴纳30%或40%的所得税。

这实在太令人难以忍受了，任何有次考虑的提议，不管它有什么理论优势，都没有成功的希望，所以，我觉得你甚至根本不该把那种提议当成一个答案。我们的体系必须关注人类追求平等的天性。

里佩蒂：你的意思是说对股息收入免税吧。你认为仅仅是政治上不可能吗？

洛温斯坦：当然了，还有一种选择就是把两者联系在一起，偶

尔也有人做过这样的讨论，那就是取消企业所得税，同时把企业收益的应纳税额转移到股东身上。

芒格：我想从另一个方面谈谈看法，我们希望生活在一个文明社会里——只要私人资本主义依然存在，企业收益能够有可观的积累。这是确保经济未来能够不断增长的重要发动机，只要拿到收益的人能够把收益留下来，经济的增长就会变得更加简单，也更有保障。所以我觉得，在你想看到的文明社会里，激励因素必须到位，而且要成为常态，这样才能确保把美国上市公司至少一半的股票收益累积起来。

里佩蒂：我觉得你们公司就有最佳解决方案，不管我们如何改变税法。你们的回报率太可观了，通常来说股东们都会选择。

芒格：如果你觉得伯克希尔·哈撒韦是值得所有美国公司效仿的榜样，那你可就大错特错了。如果每家美国上市公司都突然决定要把自己变成另一个伯克希尔·哈撒韦，那肯定会是一场灾难。

洛温斯坦：查理认为一半的世界都低于平均水平，有些公司可能满足于每年从股东的资本中赚取8%的利润，但伯克希尔·哈撒韦不是这样的公司。

巴菲特：如果我们是免税机构100%持股，我们也会采取同样的股息政策。但这并不意味着所有美国上市公司都要这么做。

当前的评论

“奥巴马总统提出的2016年预算报告显示，公司税在总体税收中的占比估计为13.4%。但越来越多的人担心美国的税务体系带来的影响。依据该体系，如果跨国公司海外子公司的利润尚未转入美国，就暂时不需要纳税。很多人担心跨国公司会为了避税把利润留在海外。相关的争论变得很激烈，有人主张美国应该采取属地纳税制度，不要试图对跨国公司的海外收益征税，也有人主张终止递延条款，直接对跨国公司海外子公司的收益征税。此外，其他国家相对较低的公司税税率也在迫使美国降低自己的公司税税率，因为竞争降低门槛的‘竞次’态势正在形成。”

——吉姆·里佩蒂

约翰逊：美国国会采纳了旨在打压黄金降落伞的税收法规，我认为这是国会支持地方产业和强势管理层的又一个例子。我知道，从形式上看，这是对支付给目标公司管理层的丰厚补偿金的一种处罚，而且听起来是对目标公司的一种处罚，是对支持目标公司而不是收购公司的某种东西的处罚。但我认为这不仅仅是一种政治辞令，事实上，对于收购方来说，黄金降落伞是一种非常有用的手段，而国会的目的就是消除这种手段。

里佩蒂：如果能够向股东披露所有事实并得到股东的认可，我倒是挺喜欢黄金降落伞给出的丰厚补偿金。如果你最初使用的就是所有权和控制权分离的模式，你就必须假设某些收购方的目的并不是寻求利润最大化，他们可能想通过收购目标公司达到其他目的，但从长远来看，这可能会损害目标公司股东的利益。在这种情况下，尝试赋予管理层更大的权力可能是有意义的。我再次强调，我也认为民主制度对公司来说是有益的。在我看来，如果股东们已经被告知什么对他们是好的以及什么是不好的，只要沟通过了，其他事情就随他去吧。

芒格：对于我认为是迄今为止最重要的**阻止收购的税收条款**，你是怎么看的？我觉得就现实意义而言，其他条款根本就没法跟这些条款相比。我说的是国会废除了通用效益准则的时候。（编者注：可以参考美国最高法院1935年296卷200号通用效益公司诉赫尔弗林一案，依据过去几十年里形成的各种限制和例外，最高法院认为，当公司把已升值的财产分配给股东时，公司既没有收益，也没有损失。所有这一切被冠上了“通用效益准则”这个绰号，通常被认为是鼓励公司收购的判决。可是，这一准则被1986年的《税务改革法案》废除了，新的法案认为公司把已升值的资产分配给股东时，大部分情况下都会获得一定的收益或遭受一定的损失，但控股子公司的清算和分拆依然属于例外情况。）那的确改变了收购时的算术题做法，其目的显然是抑制收购。如果你想减记资产并在未来享受税收优惠，现有的C公司就必须缴纳一大笔税款。这显然是一个强烈反收购的条款，你对该条款持什么态度，支持还是反对？

里佩蒂：我支持这个条款，因为在我看来这有助于平衡对收购市场的各种关切，而且从税收政策角度来说，也是讲得通的，因为

查理·芒格、埃利奥特·韦斯

它跟我们处理非收购类公司交易的方式是一致的。比如说，当一家公司把已升值的资产分配给某个股东时，无论是公司还是股东个人都要缴纳相应的税款。

芒格：他们同时也把这一点给改了。

里佩蒂：是的。

芒格：卡尔，你怎么看？

约翰逊：这是个非常有趣的故事，因为大部分学者都喜欢这个法案，而且还说它出自美国法律协会。从20世纪30年代开始，美国法律协会就有跟政府合作的良好传统。它看起来的确像是出自美国法律协会。国会在1986年通过这个法案时，所有学术界人士都觉得有自己的功劳，他们庆祝说国会终于关注美国法律协会了。

事实上，国会之所以在1986年**通过废除通用效益准则的法案，目的是抑制收购活动**。这是一种惩罚方式，对象是那些想把公司卖给华尔街的管理人员。这也再次表明国会更愿意站在普通大众这边，而不是华尔街那边。

芒格：如果你是国会议员，就这种改变而言你会如何投票？

约翰逊：我要面对另一个难题，那就是从内心深处来说，我还是一名税务人员，我的首要工作是确保有一个良好的税务系统。吉姆和我都认为废除通用效益准则是正确的。我跟你做的事情不一样。我要忠于税务系统所处的状态。

当前的评论

“美国的公司还在努力应对废除通用效益准则带来的影响。2015年时，雅虎公司曾试图分拆其持有的阿里巴巴的股份，目的也是消除通用效益准则被废除后带来的税收冲击，但由于种种原因最后还是放弃了。”

——吉姆·里佩蒂

当前的评论

“我现在觉得，巴菲特最大的成就就是在缔造一个巨大的商业帝国的同时，成功塑造出一个良好的公众形象：务实、和气、平凡的个性。巴菲特应对公共关系和监管事务的整个方式都不同寻常。最主要的部分他都是亲力亲为，他会去找监管人员进行面对面的交谈。奥马哈所在的位置为他提供了帮助，集市贸易风格的股东大会也很有帮助。说真的，愿意参加这个研讨会也反映出了他的做事风格。”

——埃德·基奇

回忆录

我们举办了一场非常棒的研讨会，整个周末我们过得都很开心。从前面的脚本中，你一定也感受到了与会者的智慧和幽默。很多没有记录的场外活动也为这次聚会添色不少，包括进餐时间、中场休息和非正式的室外活动。

为了规划这次研讨会，我跟巴菲特进行了数月的书信往来，我第一次见到他本人是在一个周末，当时我在格林威治村著名的意大利餐厅Il Cantinori为所有嘉宾准备了晚餐。我走到他身边做了自我介绍，当我伸出手跟他握手时，他对我说："哦，很高兴见到你，你就是那个帮我重新整理信件的家伙啊。"

晚餐后，我们一帮教授跟查理一起出去喝酒，我们去了东村的圣殿酒吧（Temple Bar）——当时有不少人回头看我们。第二天早晨，当我们跟沃伦说起酒吧的事情时，他开玩笑说："如果有人认出了查理，那一定是个同志酒吧。”还有，第二天早餐的时候，戴尔·奥斯特勒就坐在芒格旁边，但他根本不知道坐在旁边的这个人是谁。

稍后我跟芒格一起去会场的时候，他说自己一直想搞清楚巴菲特为什么会同意由我来整理和出版他写给股东的信，因为很显然我并不是第一个有此想法的人。我们猜测这是基于信任关系：我的同事和前系主任摩罗·普莱斯（Monroe Price）联系了巴菲特最好的朋友之一鲍勃·德纳姆，正是他向巴菲特转告了我的提议。此外，我觉得我的朋友山姆·巴特勒（Sam Butler）也帮了不少忙，他是我曾任职的克拉瓦斯律师事务所（Cravath, Swaine & Moore）的老板，而且跟沃伦已相识多年——伯克希尔第一次购买政府雇员保险公司的股票时，山姆恰好是该公司的董事会成员。

另一个共同的朋友是克拉瓦斯律师事务所的合伙人乔治·吉莱斯皮（George Gillespie），他是巴菲特的私人律师，同时也担任过几年华盛顿邮报公司的董事。在来参加研讨会时，乔治也带来了需要巴菲特签字的遗嘱。乔治希望我找个房间供巴菲特签字，同时也希望我能作为一个见证人，沃伦跟我开玩笑说：“如果你要做见证人，那我猜遗嘱中就不会有你的名字了。”

我们安排芒格和教授们住在了格拉梅西公园酒店，这是一家已经营数十年的家族酒店，不过当时已经失去了昔日的光芒。这家酒店几年后进行了翻新，成为一家世界一流的五星级酒店。芒格对这家酒店的描述是“非常不错”。第二天晚上，塞缪尔和罗尼·海曼做东请大学的客人和朋友们吃饭。晚饭后我跟芒格一起打出租车回酒店，我们上车后，芒格靠在座位上感慨说：“我此前从没在有这么多钱的房间里待过。”

在第二天开会时，我的侄子贾斯汀跑来见沃伦。贾斯汀当时只有13岁，所以他并不是特别清楚巴菲特到底是什么人，他说巴菲特代表“很多很多0”。

多年后，比尔·阿克曼提醒我说，这是他第一次跟沃伦会面。事实上，在排队拿自助餐时，比尔跟沃伦的妻子苏珊聊上了。这俩人看起来一见如故，因为苏珊主动邀请比尔跟她同桌进餐。苏珊是我认识的最和蔼可亲的女士之一。

杰夫·戈登提议为研讨会提供伯克希尔主题的产品。除了可口可乐和喜诗花生脆糖外，我们在开会的两天还分发了《华盛顿邮报》。为了纪念重要的交易，投资银行通常都会准备一个纪念品，比如里面放有微缩版招股说明书的有机玻璃立方体，为了向所罗门致敬，我们也为所有参会人员准备了一个类似的立方体，不过里面放的是研讨会的议程。研讨会结束一周后，沃伦的助理黛比·博桑尼克（Debbie Bosanek）告诉我，沃伦很高兴地把那个立方体拿进办公室当镇纸用了，于是我也给黛比寄了一个。

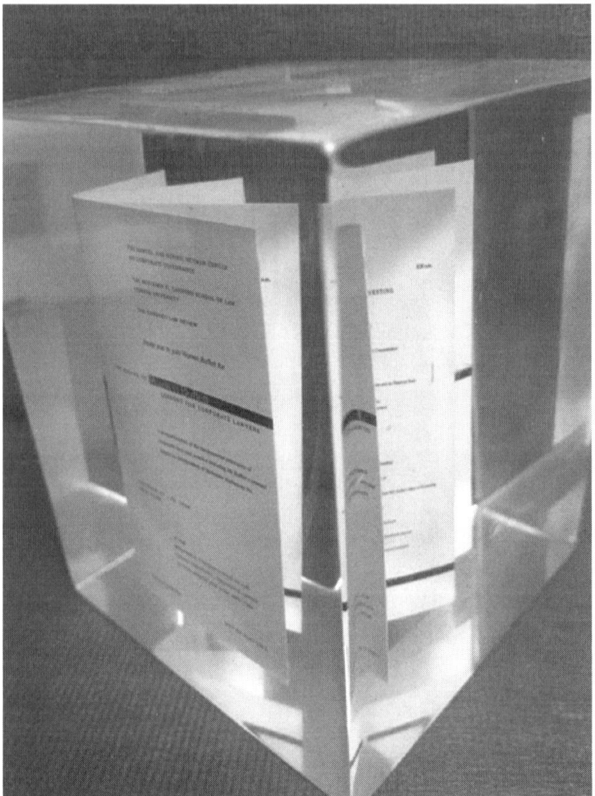

放有研讨会议
程的有机玻璃
立方体

我和我的学生们为这个在周末举办的研讨会做了很多后勤协调工作，但周一研讨会结束时，我们才意识到竟然没安排车辆送巴菲特一家（巴菲特、苏珊、霍华德）去机场。他们说打车去就可以了，随后三个人就要拖着行李到第五大道上打车去，要知道当时已经快到曼哈顿的高峰时段了。

我坚持说可以找一辆林肯送他们去机场，但沃伦拒绝了我的好意，他说出租车更便宜。我说我们可以请客，而且不会告诉任何人叫了豪华车。没想到霍华德拖着长音说道："可是我会说啊。"最后他们还是打了一辆出租车去了机场。从那以后，我就总在想，总有一天霍华德会成为伯克希尔优秀的董事会主席。

拉里·坎宁安

合影精选

彼得·贝弗林、沃伦·巴菲特、保罗·希拉尔、查理·芒格

查理·芒格、比尔·阿克曼、克里斯·斯塔夫鲁

沃伦·巴菲特、贾斯汀·坎宁安、拉里·坎宁安

拉里·坎宁安、乔治·吉莱斯皮

乔治·吉莱斯皮、霍华德·巴菲特、阿吉特·贾因

阿吉特·贾因、苏珊·巴菲特、沃伦·巴菲特、查理·芒格

马乔里·诺尔斯、苏珊·巴菲特、黛博拉·德莫特

莉亚·斯皮罗（Leah Spiro）、查理·芒格

后续行动

研讨会开完后的第二年，我们出版了《巴菲特致股东的信——股份公司教程》，这是我们在研讨会后精心打造的一本独立出版物。在1998年的伯克希尔股东大会上，我们在波仙珠宝店摆放了这本书，感谢波仙珠宝的首席执行官苏珊·雅克（Susan Jacques）。

下面是我和我的团队摆放和销售这本书时拍的一些照片，我的侄子贾斯汀和我的研究助理黛娜·奥斯兰德（Dana Auslander）都是团队的成员。黛娜后来成为一名成功的对冲基金管理人员。从照片中可以看到，我们有自己的摊位，而且《巴菲特致股东的信》是唯一在现场销售的图书。

拉里·坎宁安、马特·特麦克默多（Matt McMerdo）、贾斯汀·坎宁安、黛娜·奥斯兰德、安妮·拉舍尔（Annie Rusher）

下面的这幅照片是沃伦几年后到我们学院讲课时拍摄的。前排左侧是我的学生安德鲁·索尔（Andrew Sole），他后来成为一名成功的价值投资者。

虽然研讨会已经过去多年了，但媒体始终对《巴菲特致股东的信》这本书以及那场研讨会充满了兴趣。下页图是1998年《福布斯》杂志上的一篇专访，再后面的图则是巴菲特就这篇专访写给我的一封信。信上的日期要比杂志早，大家都知道，这是因为印刷杂志通常会提前发行，目的就是延长杂志的上架时间！杂志出版后就会给订阅用户邮寄。

Warren Buffett says he doesn't think the market is overvalued, yet he buys few stocks. Why?

Three little words

By Subrata N. Chakravarty

ROB KINMONTH

IRA WYMAN / SYGMA

Cardozo law school's Lawrence Cunningham; Berkshire Hathaway's Warren Buffett

The song he sings was written by Ben Graham.

NOT ONLY DO INVESTORS hang on Warren Buffett's every word, they spend countless hours trying to read between the lines. Over the past three years Lawrence A. Cunningham, 35, a professor at Yeshiva University's Cardozo School of Law in New York City, has gone one step further: He has compiled and distilled 20 years of Buffett's annual letters to Berkshire Hathaway shareholders. The result: *The Essays of Warren Buffett: Lessons for Corporate America* (Cardozo Law Review, $14.95). Buffett himself called the book a "superb job." Here, Cunningham tells why he went to the effort.

FORBES: Why is a law professor interested in the letters of Warren Buffett?
I'm a corporate governance scholar. There's an intersection between law and government [which is] where I write and teach. Buffett's essays are full of profound wisdom on governance and related themes.

Most chief executives brush the owners off with a few clichés. Why does Buffett go to all this trouble?
The reason is precisely that he would want this kind of letter written to him. He wants the people who have entrusted their wealth to him to know how he thinks about allocating their capital. He wants them to understand what his choices and tradeoffs are and how he goes about choosing among them.

Why did you, an academic, put this collection together?
I'd like to have finance professors teach students about fundamental valuation analysis again, rather than about modern finance theory. [Modern finance theory teaches] that you're better off throwing darts rather than spending time thinking about whether investment opportunities make business sense.

Efficient market theorists tell you that price is the same as value. Buffett thinks markets are somewhat efficient but not perfect. He quotes Ben[jamin] Graham [Buffett's teacher and mentor] on that point: That in the short run stock markets are voting machines; in the long run they're weighing machines.

On a daily basis, Graham taught, people are expressing hopes and fears. But over a long period of time, the voting will be corrected and the gap between price and value will narrow.

We've had a bull market for 15 years. This isn't Ben Graham's world, is it?
Graham would say we're just experiencing a phase where there is an extraordinary amount of greed, and a mind-set of endless prosperity. What Graham wouldn't understand—what would be totally unrecognizable to him—is the degree to which fashionable academics think that these emotions have been purged from the market process, that the market is getting it right every day and that price and value are functionally identical.

You went through 20 years of Buffett's essays. Has his thinking changed?
Very, very little. There are a couple of examples of evolution, but it's quite incremental and the foundation is permanent. It's fundamental valuation analysis.

I doubt Ben Graham would have bought and held stocks like Coca-Cola that sell for more than 40 times earnings and a huge premium to book value.
Graham was very rigid in thinking about value and very quantitative in his approach. Over time, in part with the guidance and goading of [Berkshire Hathaway Vice Chairman] Charlie Munger, Buffett has accepted harder-to-measure meanings of value, like management integrity and ownership orientation, product strength and brand recognition, which are harder to quantify.

Munger is a high-powered brain. They help each other—a productive dialogue that stimulates thought and learning—but with the same core philosophical base.

Insisting as he does on value, Buffett has almost no tech stocks.
Buffett quotes [IBM founder] Thomas Watson: "I'm only smart in spots—but I stay around those spots." Buffett defines his circle of competence pretty narrowly. He admires and respects [Intel's] Andy Grove and [Microsoft's] Bill Gates, but he says he doesn't understand their products well enough to form a

52 Forbes ■ April 6, 1998

《福布斯》专访文章，1998年4月6日

BERKSHIRE HATHAWAY INC.
1440 KIEWIT PLAZA
OMAHA, NEBRASKA 68131
TELEPHONE (402) 346-1400

WARREN E. BUFFETT, CHAIRMAN

March 23, 1998

Via Facsimile #212-790-0205

Lawrence A. Cunningham
Professor of Law & Director
Heyman Center on Corporate Governance
Benjamin N. Cardozo School of Law
Yeshiva University
Brookdale Center
55 Fifth Avenue
New York, NY 10003-4391

Dear Larry:

Thanks for the nice words in *Forbes* — you say it better than I do.

Best regards.

Sincerely,

Warren E. Buffett

沃伦·巴菲特写给我的信，1998年3月23日

（编者注：巴菲特在信中说："拉里，谢谢你在《福布斯》杂志上说的好话——我觉得你比我说得还好。"）

《巴菲特致股东的信——股份公司教程》1997年首次出版，后来又在2001年、2007年、2013年和2015年多次再版。下面就是各个版本的封面。

1997

2001

2007

2013

2015

后来有中国的出版商向沃伦询问这本书，在沃伦的鼓励下，我安排了这本书多个语言版本的翻译工作，其中包括中文、法文、德文、希腊文、日文、朝鲜文、葡萄牙文、俄文、西班牙文、泰文和越南文。以下是部分译本的封面。

繁体中文

法文

日文

朝鲜文

西班牙文

泰文

1998年我们在伯克希尔的股东大会上销售英文版时，现场只有这一种书。到了2015年，奥马哈当地的书虫书店在伯克希尔股东大会的现场设了自己的展台，销售的图书种类大约有40种，每种都是由沃伦亲自挑选出来的。除了《巴菲特致股东的信——股份公司教程》外，我的另一本书《后巴菲特时代的伯克希尔——价值的持久价值》（*Berkshire Beyond Buffett: The Enduring Value of Values*）也在其中，这让我感到无比荣幸。下面的这张照片就是我2015年参加股东大会时趁午休时间在书虫的展台边拍摄的。奥马哈的哈德逊书店里也有很多关于巴菲特和伯克希尔的图书，包括我写的那几本。

奥马哈笔记

如果你从未参加过伯克希尔的年度股东大会，那一定得去一次。最大的亮点依然是周六的问答环节，也就是沃伦和查理跟股东们的对话，现在已经在网上同步直播了。问答环节会探讨各种话题，但参加过多次会议后，你就会发现，所有话题其实都是围绕几个最基本的问题展开的。参加了五次大会后，查理·芒格为我做了一个总结："你听到的又是一次教义问答吧？"

如果把见证周六的问答环节比作去教堂，那股东大会召开的那个周末剩余的时间就像是节日的家庭团聚了。周末会有很多专业人士的聚会，也会有很多社交活动，你可以去结识新朋友，也可以去见见老朋友。下面列出了我每年去奥马哈朝圣时的重点安排：

1. 谈话。参加内布拉斯加大学/鲍勃·迈尔斯峰会（周四）；参加克瑞顿大学的圆桌论坛（星期五）。

2. 活动。参加安迪和派特·基尔帕特里克（Andy & Pat Kilpatrick）组织的聚会；参加惠特尼·蒂尔森（Whitney Tilson）的招待会。

3. 壮观场面。伯克希尔的很多子公司会在会场巨大的展厅里销售打折商品。

4. 现场。莉斯·克莱曼（Liz Claman）会在希尔顿酒店的大厅里采访伯克希尔众多子公司的首席执行官们。

5. 外出。观看美国职业棒球小联盟的比赛（周五晚上）；逛波仙珠宝店（周六下午）。

6. 餐厅。V. 默茨餐厅（V. Merz）（每年支付账单时我们都会预订好下一年的座位）。

7. 人。跟我的忠实读者们见面，有来自俄克拉何马州的，也有从印度远道而来的！

8. 私人时间。为《奥马哈世界先驱报》的年会特刊撰写专栏文章。

9. 图书销售方法。约翰·佩特里（John Petry）和乔尔·格林布拉特（Joel Greenblatt）在2001年创立价值投资者俱乐部后购买了5000本《巴菲特致股东的信——股份公司教程》，他们在会场入口外停了一量大货车，向参会者免费分发这本书。

10. 家人。每年都跟我妻子斯蒂芬尼共度周末！

后记

从1996年到2016年，伯克希尔发生了很多变化，特别是公司的规模已经翻了很多倍。1996年时，它持有的还仅仅是一些公司少数的普通股，到了2016年，它已经成长为一个企业集团，旗下已经拥有众多全资子公司——其中有10家子公司的规模都非常大，其中任何一家都有资格单独跻身世界500强之列。

在过去的20多年里，伯克希尔已经积累了大量盈余现金，巴菲特和芒格有效利用了这些，现今已为企业构筑出一个坚强的堡垒。它的力量源自伯克希尔的财务经营和收购：主要是通过留存收益，再加上报销浮存金和递延税金带来的贡献。

伯克希尔一般不用银行或其他中介机构。伯克希尔借入资金的例子非常有限，而且主要是用于资金密集型和受管制的公用事业和铁路业务，借的都是固定利率的长期贷款。利用传统的债务或许可

	1996年	2016年
每股账面价值	2万美元	15万美元
A股股价	3.5万美元	20万美元
市值	600亿美元	3200亿美元
可转售证券的账面价值	300亿美元	1200亿美元
经营资产的账面价值	20亿美元	5000亿美元
净收益	25亿美元	200亿美元
全资直属子公司	15家	60家
直属子公司的收购成本	小于50亿美元	大于1700亿美元
股东的股本	250亿美元	2500亿美元
浮存金	70亿美元	850亿美元
董事	6人	12人
员工	3.3万人	35万人
总部员工	12人	25人
参加年会人数	7000人	4万人

伯克希尔：1996 v. 2016

除了每股的数值外，其他数值的单位都是10亿美元。为突出起见，很多数值取的是平均值或整数值。

以让伯克希尔取得更好的经营业绩，但借的钱通常成本很高，而且还有违约风险和附带损害。

保险承保后，由于有长期纪律的约束，浮存金（也就是保户向保险公司交纳的保费）会增长到一个很大的量级。在伯克希尔，1996年的浮存金仅为70亿美元，但到了2016年，这个数字就攀升到了840亿美元。由于持有周期较长，伯克希尔的递延税金目前已累积近580亿美元，这使得非传统来源的资金就已经高达1420亿美元。

跟浮存金（或递延税金）不同，银行债务都有契约，订明了利息和到期日。贷款通常是由代理商运营的，无论是从贷款的规模、期限、成本，还是契约而言，代理商的利益跟借款人的利益都存在冲突。伯克希尔的自给自足带来了负债杠杆效益（更多的资产得到了有效利用），同时又没有成本、限制和矛盾。

伯克希尔另一个自给自足的鲜明例子跟收购有关。大部分公司都会借助战略规划对目标公司进行侦察和审查，但伯克希尔选择了等待机会，它拒绝了找上门来的大部分公司，但又适时选择了那些很有吸引力的公司。它公开了严格的收购标准，其中包括要求收购要约必须包含报价——在伯克希尔的收购历史上，讨价还价的情况极其罕见。

此外，在典型的收购案中，进行协议条款谈判的同时，会计师们会测验一家公司的财务控制能力和财务数字，而律师们会调查公司的合同、合规和诉讼事宜。这种审查通常是在公司的总部完成，通常会开很多的会，主要负责人会全面了解情况，并会巡视目标公司的各种设施。整个过程可能花费几个月的时间，而且会产生一大笔费用。伯克希尔——很骄傲地说——几乎不做这些事情。

巴菲特跟人谈事经常只用几分钟的时间，有时候只需一个电话就能达成交易。开会不到两个小时就达成交易的情况很常见，最长也几乎不会超过一周，很快就会签署正式的合同。从初次接触算起，很多交易——包括那些涉及数十亿美元的交易——都能够在一个月之内彻底完结。整个过程不需要借助太多的信息，因为巴菲特和芒格在商业领域的阅读量非常惊人，他们事先就已经对很多公司有了广泛的认知和充分的了解。

另外，他们还严格要求自己只涉足擅长的领域，如果他们对某些领域缺乏了解，他们会知道这一点，而且会选择敬而远之。伯克希尔未曾收购一家高科技公司并非偶然。如果用一句话概括罗伯特·哈格斯特朗对这种做法的评论，那就是：“留意你的认知缺陷。”如果要概括一下查理在研讨会上的发言，那就是：“害怕你自己的愚笨吧。”

很多人都想复制伯克希尔·哈撒韦，从谷歌这样的领军企业到马克尔这样的小保险公司都有这种想法。马克尔公司对伯克希尔的有意模仿还非常成功，虽然这家公司的规模比较小。伯克希尔的很多子公司本身就是大型的企业集团，真正的小伯克希尔不仅包括美联集团和斯科特·费策尔集团，还包括伯克希尔·哈撒韦能源公司、工业MiTek集团和精密金属零件制造公司。

很多商业人士梦想着有朝一日也能打造出伯克希尔这样的企业集团，就像很多文学青年都希望写出下一本畅销小说一样。这的确是能够做到的，只不过可能规模不太一样或者程度不太一样。更务实的想法是效仿伯克希尔的某些原则和做法，特别是自给自足、自主权、去中心化、永久和信任等。

采用伯克希尔模式能够在收购市场上营造出竞争优势，无论你的对手是战略收购者还是私募股权公司。举例来说，通用电气就无法提供自主权或永久性。通用电气的收购意愿很强，但剥离资产的倾向也很明显。大家都知道，通用电气的前首席执行官杰克·韦尔奇对子公司有一个明确的要求，那就是如果不能在既定的时间内做到行业第一，他就会把公司关掉或者卖掉。他的继任者杰夫·伊梅尔特（Jeffrey R. Immelt）就曾在通用电气实施了一个重大的业务剥离项目。私募股权公司采取的都是干涉战略，而且只做短期设计。他们会打造一个为期十年的资本周期（耕耘五年，收获五年），而且会迅速改变目标公司的管理人员、文化、员工和生产设备，为再次出售公司做好准备。

如果说伯克希尔只有一点值得所有上市公司学习的话，那一定是长远眼光的价值。如果急躁的分析师和某些激进的股东成天追着上市公司的经理们要业绩，甚至要求他们必须在当前这个季度或当年完成特定的收入和利润指标，就会迫使经理们只能先关注短期的业绩了。如果只是一味削减今天的成本，如果只是关注目前收益的最大化，就很可能会牺牲公司未来的经济收益。

尽管伯克希尔在过去的20年里取得了巨大的增长，但巴菲特始终坚守着他的投资哲学。如果我们现在再举办一次类似的研讨会，我们还会把1996年的所有分组会议包括在内，而且大家讨论的问题跟最初探讨的那些问题会非常类似。我们还会增加一些分组会议，讨论一下伯克希尔的规模、它那特立独行的管理体系、收购方式和高度分权的做法。我们还会为伯克希尔的子公司及其管理者专门组织分组会议，深入讨论他们的运营情况以及伯克希尔的企业文化。

研讨会不再是两天，而是延长到四天；我们不仅会继续为与会者提供可口可乐和喜诗糖果，而且还会提供DQ冰激凌以及任何可能需要海因茨调味品（译者注：伯克希尔下属公司的调味品品牌）的东西。既然现今的伯克希尔已经成了美国公司的一个缩影，我们能够提供的纪念品就不仅仅是一个立方体了，可能还会包括服装、珠宝或节日用品。如果上一次参会的嘉宾再次参加，我们可以向他们保证一点，那就是：这又将是一场机智和智慧的盛宴！

索引

（以上为原版书的索引顺序）

2016年致股东的信

伯克希尔股价表现VS.标普500指数

（年度增长率%）

年度	伯克希尔每股账面价值	伯克希尔每股市值	标普500指数（含股息）
1965	23.8	49.5	10.0
1966	20.3	（3.4）	（11.7）
1967	11.0	13.3	30.9
1968	19.0	77.8	11.0
1969	16.2	19.4	（8.4）
1970	12.0	（4.6）	3.9
1971	16.4	80.5	14.6
1972	21.7	8.1	18.9
1973	4.7	（2.5）	（14.8）
1974	5.5	（48.7）	（26.4）
1975	21.9	2.5	37.2
1976	59.3	129.3	23.6
1977	31.9	46.8	（7.4）
1978	24.0	14.5	6.4
1979	35.7	102.5	18.2
1980	19.3	32.8	32.3
1981	31.4	31.8	（5.0）

续表一

（年度增长率%）

年度	伯克希尔每股账面价值	伯克希尔每股市值	标普500指数（含股息）
1982	40.0	38.4	21.4
1983	32.3	69.0	22.4
1984	13.6	（2.7）	6.1
1985	48.2	93.7	31.6
1986	26.1	14.2	18.6
1987	19.5	4.6	5.1
1988	20.1	59.3	16.6
1989	44.4	84.6	31.7
1990	7.4	（23.1）	（3.1）
1991	39.6	35.6	30.5
1992	20.3	29.8	7.6
1993	14.3	38.9	10.1
1994	13.9	25.0	1.3
1995	43.1	57.4	37.6
1996	31.8	6.2	23.0
1997	34.1	34.9	33.4
1998	48.3	52.2	28.6
1999	0.5	（19.9）	21.0
2000	6.5	26.6	（9.1）
2001	（6.2）	6.5	（11.9）
2002	10.0	（3.8）	（22.1）
2003	21.0	15.8	28.7
2004	10.5	4.3	10.9
2005	6.4	0.8	4.9
2006	18.4	24.1	15.8
2007	11.0	28.7	5.5

续表二

（年度增长率 %）

年度	伯克希尔每股账面价值	伯克希尔每股市值	标普500指数（含股息）
2008	（9.6）	（31.8）	（37.0）
2009	19.8	2.7	26.5
2010	13.0	21.4	15.1
2011	4.6	（4.7）	2.1
2012	14.4	16.8	16.0
2013	18.2	32.7	32.4
2014	8.3	27.0	13.7
2015	6.4	（12.5）	1.4
年复合收益率（1965—2015）	19.2%	20.8%	9.7%
总收益率（1964—2015）	798,981%	1,598,284%	11,355%

注：表中所列为年度数据，但下述年度的数据较为特殊：1965年度和1966年度均截至9月30日；1967年度截至12月31日，长度为15个月。自1979年起，根据会计准则的要求，保险公司须按照市价计算其持有股票的价值，而此前的要求是采用成本与市价中的较低项。为与新的会计准则保持一致，此表中伯克希尔公司1978年度之前的业绩进行了重新计算。而其余年度的业绩均根据最初报告的数据进行计算。标普500指数是税前数据，而伯克希尔公司为税后数据。如果伯克希尔这样的公司只是持有标普500指数，并承担相应的税务责任，则其业绩在标普500指数回报率为正数的年度中将落后于指数，而在标普500指数回报率为负数的年度中将领先于指数。长年而言，税务成本会导致总体表现大大落后。

致伯克希尔·哈撒韦公司的股东们：

2015年度，伯克希尔公司的资产净值增加154亿美元，A股和B股每股账面价值增幅均达到6.4%。过去51年时间内（亦即现任管理团队接手公司以来），公司每股账面价值已从19美元增至155,501美元，年复合增长率达19.2%。*

在这51年的前半段时间内，伯克希尔公司的资产净值与企业内在价值（真正重要的数据）大致相等。这两个数字存在高度的相似性，是因为其间公司的资源配置大都为可销售证券，而这些证券的价值会根据其实时报价定期重估（这样可以降低证券出售的税务成本）。用华尔街的行话来说，那时候，我们公司的资产负债表很大程度上是“盯住市场、逐日结算”的（marked to market）。

但是，到了20世纪90年代初，我们的运营重心已转为对企业完全控股，这一转变降低了企业内在价值与资产负债表数据之间的关联性。数据之所以发生脱钩，是因为我们控股的企业所适用的会计准则，同可销售证券价值估定所适用的会计准则存在重大差异。我们控股企业的“输家”的账面价值予以减记，而“赢家”的账面价值则从未向上修订。

---

* 本报告中所采用的每股数据均为伯克希尔A股，B股数据为A股的1/1500。

这两种情况，我们都曾有过经历：我做出过一些糟糕的收购决定，我为收购对象支付的商誉价格后来被勾销，因而导致伯克希尔账面价值缩减。我们收购企业也有一些赢家（其中几个的盈利规模还非常大），但并没有因此而增记一分钱。

长期而言，这种不对称的会计方法（对此我们并无异议），必然会导致公司的内在价值与账面价值之间的差距变得越来越大。今天，我们的“赢家”所产生的数额巨大且不断增长的收益未能列账，显然，这会使伯克希尔股票的内在价值远远超过其账面价值。正因为如此，我们才乐意在公司股价低于其账面价值120%的时候进行回购。在这个价位回购，会给继续持有伯克希尔股票的股东们带来当即的、可观的每股内在价值的增加。

我们控股企业增加的价值未能列账，这就解释了为什么伯克希尔的整体市值收益率（见本报告首页列表）大大高于其账面价值的收益率。短期而言，这两个指标是波动变化的。例如，去年账面价值的表现就更为出色。不过，长期来看，市值收益率超过账面价值收益率的历史趋势仍会持续。

伯克希尔这一年

我和我的搭档、伯克希尔公司副董事长查理·芒格都预计，伯克希尔的标准化盈利能力会逐年增长。（当然，实际的年度盈利有时会因为美国经济的疲软或重大的保险灾难而下滑。）有些年份的标准化盈利会比较低，而有些年份会非常高。去年就是收获颇丰的一个年份。以下是去年的亮点：

●2015年，伯克希尔的金融业务虽然获得了较好的收益，但并非公司取得的最重大的进展。我们的伯灵顿北方圣塔菲铁路公司（BNSF）在

2014年表现欠佳后，去年大幅改善了客户服务。为了实现这一目的，我们全年在资本支出中投入了约58亿美元，这一数额远超任何美国铁路公司的投入纪录，并且几乎是我们年度折旧费用的三倍。这笔钱花得很值！

通过铁路、卡车、航空、水运和管道，BNSF公司2015年承担了约17%的美国城际货运量（以吨/英里的收入计算）。在这个方面，我们是美国七大铁路公司（其中两家在加拿大）中最强大的运输企业，吨/英里货运量超出我们最大的竞争对手45%。因此，保持一流的服务，不仅对我们的托运人的利益至关重要，而且对美国经济的平稳运行也十分重要。

对于大多数美国铁路公司来说，2015年都是令人失望的一年。吨/英里货运总量下降，利润也缩减。不过，BNFS的货运量并没有减少，税前盈利也增至创纪录的68亿美元*（2014年为6.06亿美元）。我要衷心感谢BNSF的经理马特·罗斯（Matt Rose）和卡尔·艾斯（Carl Ice），你们也应该感谢他们。

●BNSF是我们“五大引擎”中最强大的“引擎”，另外四个为伯克希尔·哈撒韦能源公司（BHE）、美联集团（Marmon）、路博润化工公司（Lubrizol）以及国际金属加工集团（IMC）。2015年，这些公司（伯克希尔盈利最高的五大非保险企业）的合并总收入达到131亿美元，较2014年增加6.5亿美元。

这五大“引擎”中，2003年我们只拥有伯克希尔·哈撒韦能源公司（当年的盈利为3.93亿美元）。此后，我们以全现金的方式相继收购了

* 本信件中所提及的盈利，若无特别说明，均为税前盈利。

其余四家公司中的三家。不过，在收购BNSF时，我们用现金支付了约70%的费用，剩余的费用是通过发行伯克希尔股票，从而使公司发行在外的股票数量增加了6.1%。换言之，十二年期间，这五家公司每年为伯克希尔创造了127亿美元的盈利，但伯克希尔的股权只有少量的稀释。这样做符合我们的目标：不但要增加盈利，还要确保公司股票每股业绩的增长。

●明年，我会谈到“第六大引擎”。新“引擎”是精密机件公司（Precision Castparts Corp, PCC）。一个月前，我们花费320亿美元现金收购了这家公司。PCC与伯克希尔模式完美融合，将大大提升我们的标准化每股盈利能力。

在首席执行官马克·多尼根（Mark Donegan）的带领下，PCC已经成为世界顶级的航空零部件供应商（主要供应原始设备，不过零部件供应对公司来说也很重要）。马克取得的成就，让我想起了雅各布·哈帕兹（Jacob Harpaz）在我们卓越的以色列切削工具生产商IMC中不断创造的那些神奇表现。这两个人将极其普通的原材料，变成世界各大生产商都要使用的超凡产品。两人都是各自工艺领域里的“达·芬奇”。

PCC的产品（通常为多年合同交付）是许多大型飞机的关键部件。公司拥有30,466名员工，分布于13个国家的162家工厂里，他们也为其他行业的企业提供服务。马克在构建自己的企业时，曾经做过很多收购，将来还会进行更多的收购。我们期待他能有效地利用伯克希尔的资金。

个人致谢：收购PCC，如果没有我们公司的托德·库姆斯（Todd Combs）的投入和帮助，是无法成功的。几年前，是他将这家公司带入我的视野，并且不断地告诉我这家公司以及马克的情况。虽然托德和泰德·韦斯勒（Ted Weschler）是主要负责投资的经理（他们各自管理着约90亿美元的公司投资），但两人都积极地、精明地通过各种方式为伯克希尔增加大量的价值。雇用这两位是我做过的最好决定之一。

●随着对PCC的收购，伯克希尔将拥有10.25家世界财富500强，如果它们都是独立公司的话。（那0.25家是我们拥有的27%的卡夫亨氏股份）。还剩下不到98%的美国企业巨头没有给我们打电话。接线员已经就位啦。

●去年，我们数十家规模较小的非保险公司创造了57亿美元的盈利，高于2014年的51亿美元。在这些公司中，有1家公司去年盈利超过7亿美元，2家盈利在4亿至7亿美元，7家盈利在2.5亿至4亿美元，6家盈利在1亿至2.5亿美元，11家盈利在5,000万到1亿美元。所有这些公司，我们都很热爱：随着时间的推移，这类公司在数量和盈利上还会增长。

●如果你听到有人谈论美国破旧不堪的基础设施，请放心，他们谈论的肯定不是伯克希尔。我们去年在地产、厂房和设备上投资了160亿美元，其中86%都配置在美国。

我在前面提到过，2015年，BNSF的资本支出创了纪录。每年年末，我们铁路公司的硬件设施都会较前一年得到提升。

BHE也有着类似的故事。这家公司已经对可再生能源投资了160亿美元，今天，它拥有美国7%的风能发电和6%的太阳能发电。事实上，我们的公用事业企业拥有并运营的风力发电量高达4,423兆瓦，是美国排名第二的公用事业企业的6倍。

还没有完呢。去年，为支持巴黎气候大会，BHE对未来发展可再生能源做出了重大承诺。我们履行这些承诺，不仅具有重大的环境意义，对伯克希尔公司也有着重要的经济意义。

●2015年，伯克希尔庞大的、不断发展的保险业务再次实现了承保盈利（连续13年盈利）以及浮存增长。在这十三年里，我们的浮存（伯克希尔没有所有权但可以用于投资、获取收益的资金）从410亿美元增长至880亿美元。虽然我们的浮存规模和收益均未体现在伯克希尔的盈利中，但由于我们持有这笔资产，浮存产生了巨大的投资收益。

同时，我们在这十三年里的承保盈利总计达到260亿美元（包括2015年获得的18亿美元盈利）。毋庸置疑，伯克希尔最大的未入账的财富存在于保险公司。我们用48年时间创建了这个多元化的保险业务，而且它是无法被复制的。

●在我和查理寻找新的收购对象的同时，我们的很多子公司也在不断地进行补强型收购。去年，我们完成了29项补强型收购，总耗资为6.34亿美元，收购价格从30万美元到1.43亿美元不等。

我和查理都鼓励补强型收购，只要它们定价合理。（大部分交易的报价显然并不合理。）这些收购将资本配置在符合我们现有企业的、由我们的专业经理人团队管理的业务之中。这意味着，我们的工作没有额外增加，但伯克希尔的盈利增加了，我们发现这种结合非常有吸引力。未来几年，我们还会进行数十项补强型收购交易。

●去年，我们和亨氏的豪尔赫·保罗·雷曼（Jorge Paulo Lemann）、亚力克斯·贝林（Alex Behring）和贝尔纳多·赫斯（Bernardo Hees）联手完成了与卡夫公司的合并，使其规模增加了1倍多。在这笔交易之前，我们花费42.5亿美元购买了亨氏公司53%的股份。现在，我们持有3.254亿股卡夫亨氏股份（约占27%），成本为98亿美元。新公司的年销售额达270亿美元，可以为你提供亨氏番茄酱或芥末，用以搭配卡夫公司的奥斯卡梅耶热狗。再加上一杯可口可乐，你就可以享受到我最喜欢的美味大餐了。（在年会上，我们会有奥斯卡梅耶热狗车——带上你的孩子一起来吧。）

尽管我们并没有出售卡夫亨氏的股票，但根据通用会计准则（GAAP）的要求，一旦完成并购，我们就要增记68亿美元的投资额。这就使得我们控股的卡夫亨氏公司在我们资产负债表上显示出的价值，要高于我们的成本数十亿美元，低于其市场价值数十亿美元，这样的结果只有会计才会喜爱。

伯克希尔还持有卡夫亨氏的优先股，每年带给我们7.2亿美元的收益，在我们资产负债表上记账为77亿美元。这些优先股几乎肯定会在六月份（协议最早的许可日期）以83.2亿美元的价格被赎回。这对于卡夫亨氏来说是一个好消息，但对伯克希尔而言就是个坏消息了。

豪尔赫·保罗及其同伴是再好不过的合伙人。我们和他们都拥有激情，去收购、创建和持有满足人民基本需求和欲望的大型企业。不过，为追求这个目标，我们采取的是不同的路径。

他们的方法（已经因此而取得非凡的成功）是看准机会，一旦有公司可以帮助消减诸多不必要的成本，就立即下手，完成收购。他们的收购行为极大地提升了生产力，这是过去240年里美国经济增长的首要因素。没有每工时产出的商品数量和服务量的增加（衡量生产力提升的标准），经济就会不可避免地陷入停滞。通过提升生产力获得重大收益，这对大部分美国公司来说确实是可能的，正是这一点为豪尔赫·保罗及其同伴提供了诸多机会。

在伯克希尔，我们也渴望效率、厌恶官僚主义。不过，我们为实现目标所采取的方法是：注重避免臃肿发生，收购像PCC这种一直由关注成本、运营高效的经理人管理的公司。完成收购之后，我们的任务就只是创造环境，让那些首席执行官（及其志趣相投的继任者）既能够最大化地提升管理效率，又可以最大化地享受工作的乐趣。（这种放手管理风格，是我听从了一句著名的芒格语录："如果不想让自己一辈子生活在痛苦之中，那就不要带着改变别人行为的目的去结婚。"）

在伯克希尔，我们将继续坚持极端分权（几乎闻所未闻）的运营方式。但是，我们仍会寻求机会与豪尔赫·保罗合作，可以是金融合作（比如他的集团对加拿大咖啡连锁店Tim Horton's的收购案），也可以是股权融资合作（比如亨氏收购案）。我们偶尔也会和其他人合作，就像我们在Berkadia成功做过的那样。

不过，伯克希尔只会和友好收购的伙伴合作。有些恶意报价肯定是有原因的：有的是因为首席执行官忘记了自己是在为股东工作，有的是因为经理人严重不称职。不论是哪种情况，董事们可能会无视问题所在，或者就是不愿意做出必要的改变。这个时候，我们就需要新面孔了。我们会把这些"机会"留给其他人。在伯克希尔，我们只去欢迎我们的地方。

●去年，伯克希尔增加了“四大”持仓股（美国运通、可口可乐、IBM和富国银行）的所有者权益。我们增持了IBM股份（由2014年末的7.8%增至 8.4%）和富国银行股份（从9.4%增至9.8%）。而对于可口可乐和美国运通这两家公司，通过股票回购，我们的所有权占比也得到提升。我们在可口可乐公司的股权从 9.2%增至 9.3%，在美国运通的股份从14.8%增至 15.6%。你可能认为这些看似细小的改变无足轻重，那就计算一下：伯克希尔在这四家公司的权益总和每增加一个百分点，获得的年收益就会增加约5亿美元。

这四大持仓公司都拥有出色的经营状况，都由才华横溢、又注重股东利益的经理人负责管理。它们带来的有形资产的回报非常可观甚至是非常惊人。在伯克希尔，我们宁愿拥有一家非控股的优秀公司相当部分的股权，也不愿100%拥有一家表现平庸的公司。宁愿拥有“希望之心”钻石的部分权益，也不愿拥有人造钻石的全部所有权。

2015年，以伯克希尔年终持股计算，我们“四大”持仓股的股权收益达到47亿美元。不过，在我们给你们的收益报告中，只计入了股息部分——去年约为18亿美元。但毫无疑问的是：我们没有报告的这四大公司带来的近30亿美元收益，和伯克希尔盈利报告中计入的那部分收益，两者具有完全相同的价值。

我们持股公司所留存的收益，通常都会用于股票回购——会增加伯克希尔所持股份的未来收益，而无须我们支付一分钱。这些公司留存的收益，还会被用于投资通常是利好性的商业机会。所有这一切，都让我们有理由相信：总体而言，我们这四大持仓股的每股收益会随着时间的推移而大幅增长。如果收益实现增长，伯克希尔获得的股息就会增加，同样，我们未实现的资本利得也会增加。

相较于那些只会收购自己要运营的企业的公司，我们在资本配置上的灵活性（愿意在非控股企业上被动地进行大额投资）赋予了我们巨大的优势。伍迪·艾伦（Woody Allen）曾经说过：双性恋的优势在于，可以让你周六晚上的约会机会翻倍。同样（当然并非完全一样），既有运营企业的胃口，又有被动投资的胃口，我们就拥有双倍的机会，为伯克希尔不断井喷的资金找到合理的利用渠道。此外，巨额的可销售证券投资组合也为我们提供了资金储备，一旦出现“大象”级的收购机会，就可以利用这些资金。

* * * * * * * * * * * *

今年是选举年，候选人们会不停地谈论我们这个国家所面临的种种问题（这些问题当然只有他们能解决）。这种消极地大肆宣扬的结果是：很多美国人现在认为，他们孩子未来的生活不如他们自己现在的生活好。

这种看法是完全错误的：生于今日美国的婴儿，是人类历史上最幸运的一批人。

美国现在的人均GDP约为5.6万美元。就像我去年提到的，扣除物价因素，这是1930年（我出生那年）人均GDP的6倍，真是惊人的飞跃，我的父母及其同代人怎么做梦都不会想到的巨大飞跃。从本质上讲，今天的美国人并不比20世纪30年代的美国人更聪明，也不比他们更勤奋。只不过，他们的工作效率更高，因而产出更高。这种强劲的发展趋势肯定还会持续：美国的经济魔力依然保持健康与活力。

有些评论家为我们现在2%的GDP实际年增长率而哀叹——没错，我们都希望看到更高的增长率。但是，我们就用令人哀叹不已的2%这个数字来做一下简单的计算，我们会看到，就是这个增长率，也带来了令人震惊的收益。

美国人口的年均增长率约为0.8%（0.5%的自然增长率，0.3%的净移民增长率）。因此，2%的整体增长率产生大约1.2%的人均增长率。这听上去可能并不令人印象深刻。但就一代人的时间（比如25年），这个增长速度会带来人均实际GDP34.4%的增长（复利效应产生的超额百分比，可以通过简单的25 × 1.2%来计算）。反过来，这34.4%的增长率，会为下一代人带来惊人的1.9万美元的实际人均GDP增幅。如果是平均分配，一个四口之家每年可获得7.6万美元。今天的政客们不需要为明天的孩子们流泪。

确实，今天的孩子们大都生活得不错。我所有中高产阶级的邻居们，其生活水平都超过我出生时约翰·D. 洛克菲勒享有的生活水平。他虽然拥有无与伦比的财富，但买不到我们现在习以为常的那些东西，比如说，交通、娱乐、通信和医疗服务。洛克菲勒当然拥有权力和名声，但他的生活不如我现在的邻居们。

下一代人分享的蛋糕会比今天的大得多，但是，如何分这块蛋糕，仍然饱受争议。就像现在这样，劳动力人口与退休人员、健康者和体弱者、财富继承者与白手起家的霍雷肖·阿尔杰（Horatio Alger）、投资者与工人，特别是那些拥有市场十分看重的才能的美国人与那些同样勤奋但缺乏市场看重的技能的美国人，这些人群之间将会为获得更多的产品和服务而爆发冲突。这种冲突一直存在——并将永远持续。国会就是战场，金钱和选票就是武器。游说行业将会保持增长。

不过，好消息是，即使是“落败”的那一方，他们未来享有的产品和服务的数量也会远远超越过去。这些日益增加的“赏赐”的质量也会显著提升。生产人们想要的商品，谁也不是市场机制的对手，特别是提供人们还不知道自己需要的商品，更是如此。我父母年轻的时候，无法想象拥有一台电视机；我50多岁的时候，也不曾想到自己需要一台个人电脑。这两种产品，一旦人们看见其强大的功能，就会给他们的生活带来颠覆性的改变。现在，我每周花十个小时在网上打桥牌。而且，我写这封信时，“搜索”引擎对我来说是十分宝贵的。（不过，我还不准备使用手机约会软件Tinder。）

240年来，押注美国会衰败的人，一直在犯可怕的错误，现在依然如此。美国的商务与创新“金鹅”将继续下更多、更大的“金蛋”。美国对社会保障的承诺将会兑现，也许会更慷慨。是的，美国孩子们的生活，将远比他们的父辈要好。

* * * * * * * * * * * * *

鉴于这种有利的形势，伯克希尔（肯定还有其他许多企业）几乎肯定会蓬勃发展。我和查理的继任管理者们，将根据以下简单的蓝图，增加伯克希尔每股股票的内在价值：（1）不断提升我们众多子公司的基本盈利能力；（2）通过补强型收购，进一步增加它们的收益；（3）从我们持股公司的增长中获益；（4）当股价相对于内在价值出现可观折扣时，回购伯克希尔股票；（5）

偶尔进行大型收购。管理层还会通过极少量增发（如果有的话）伯克希尔的股票，尽量使你们的收益最大化。

企业内在价值

尽管我和查理经常谈论企业内在价值，但我们无法告诉你们伯克希尔股票确切的内在价值（事实上，对任何股票都是如此）。不过，我们可以做一个合理的估计。我们在2010年的年度报告中提出了三个因素（其中有一个是定性的因素），我们认为这些因素是估计伯克希尔内在价值的关键。

以下是两个定量因素的最新情况：2015年，我们的每股现金和投资增长了8.3%至159,794美元（包括我们拥有的卡夫亨氏股份的市场价值）；我们从旗下许多公司获得的收益（*包括保险承销收入*）使每股收益增长2.1%至12,304美元。在第二个因素中，我们剔除了持股产生的股息和利得，因为如果不加以剔除，就会造成重复计算。计算盈利时，我们扣除了所有的企业开销、利息、折旧费、摊销和少数股东权益，但不扣除所得税。也就是说，我们计算的是税前盈利。

我在上面的段落中使用斜体，是因为我们第一次将保险承销收入纳入公司盈利的计算。我们当初介绍伯克希尔估值的两大支柱性定量因素时，之所以没有将其计算在内，是因为我们当时的保险业绩深受巨灾险的影响。如果没有飓风和地震，我们会获得丰厚的利润。但是一场大灾难就会产生亏损。为了保守地报告公司的盈利，我们一贯假定保险业务会盈亏平衡，从而在第二个估值因素的年度计算中忽略了保险业务所有的盈利或亏损。

今天，我们的保险业绩比一二十年前更加稳定，原因是：我们降低了巨灾险的重要性，并且大力拓展了基本业务范围。去年，我们每股12,304美元的收益中，保险承销收入就贡献了1,118美元（参照本部分第二段）。过去十年里，保险承销收入年均达到每股1,434美元，而且我们预计今后大部分年度中都会赢利。不过，你们也应该认识到，在某个年度，保险承销业务很可能无利可图，甚至可能是巨额亏损。

自1970年以来，我们的每股投资获得了18.9%的年复合增长率，盈利（包括起止年度的保险承销收入）增长率达到23.7%。伯克希尔股票价格在此后45年内的增长率，与我们采用这两种估值因素测量的结果非常相似，这并不是巧合。我和查理都喜欢通过这两个方面去观察收益，不过，我们的主要目标还是提升营业利润。

现在，我们来仔细看看我们四大业务板块的情况。每个业务板块的资产负债表和盈利特性都截然不同。因此，我们将它们当作四个独立的业务部门加以分析——我和查理就是这样看待它们的（尽管把它们放在一起会产生重要而持久的经济优势）。我们的目的，是为你们提供我们处在你们的位置上所希望获取的信息，你们是财务经理，而我们是缺席股东。（别激动，我们可没有考虑这种角色互换。）

* * * * * * * * * * * * *

保 险

首先，我们来看看保险业务板块的情况。1967年，我们以860万美元的价格收购了国民赔偿保险公司（National Indemnity）及其姊妹公司国民火灾与海上保险公司（National Fire & Marine），自此，保险业务中的财产和意外保险部门（P/C）一直都是驱动公司成长的引擎。今天，根据净值计算，国民赔偿保险公司已经成为全球最大的财产和意外保险公司，而且，它的内在价值远远超过其账面价值。

财产和意外保险业务之所以对我们有吸引力，其中的一个原因是它所具有的金融属性：财产和意外保险公司提前收取保费，事后再支付赔偿金。在极端情况下，如某些工种事故引起的保险赔偿，赔付周期会长达数十年之久。这种“现在收费、未来赔付”的模式，可以让财产和意外保险公司长期持有大量的、我们称为“浮存”的资金——这些资金最终都会支付给他人，但在持有期间，保险公司可以将浮存用于投资，获取收益。虽然保费和赔偿金是变化不定的，但保险公司所保有的浮存总额相对于保费总额的比例通常都会保持相对稳定。因此，随着我们的保险业务不断增长，我们的浮存也会不断增加。浮存的具体增长情况，如下表所示：

年度	浮存 (单位：百万美元)
1970	39
1980	237
1990	1,632
2000	27,871
2010	65,832
2015	87,722

要实现浮存的继续增长是很困难的，好在GEICO公司和我们其他几家专业保险公司的浮存几乎在以不错的速度持续增长。不过，国民赔偿保险公司的再保险部门正在经历大量合同的自然期满，其浮存肯定会下滑。如果我们真的经历浮存下滑，那也会是缓慢渐进地下滑——任何一个年度的下滑幅度最多不会超过3%。我们保险合同的性质，决定了我们永远不会因为当期或即期的赔偿金需求而对现金资源造成重大的影响。这种结构是精心设计的，也是造就伯克希尔经济堡垒实力的关键要素。这种实力永远不会受到威胁。

如果我们的保费收入超过我们的费用支出与最终理赔损失的总和，那在财务报表上就会记为承保利润，而这些利润又会使得浮存带来的投资收益进一步增加。赚到了这笔承保利润，我们就可以使用零成本的资金——更美妙的是，持有这些资金，还会带来收益。

遗憾的是，所有的保险公司都希望达到这个令人开心的目标，由此导致了激烈的竞争。竞争之激烈，有些时候甚至会导致财产和意外保险行业整体处于重大承保亏损的地步。实际上，这些亏损是保险行业为获取浮存而付出的成本。由于激烈的竞争，虽然各保险公司都可以获得浮存带来的收益，但与美国其他行业相比，保险行业的有形净资产回报率几乎肯定会持续低于正常水准。当前，由于全球范围内持续存在的低利率，浮存的收益在未来许多年里肯定会持续下滑，因而会恶化保险公司的盈利问题。可以肯定的是，未来十年，保险行业（尤其是那些专业性的再保险公司）的业绩不会达到过去十年的业绩水平。

我在本报告的前面提到过，伯克希尔至今已连续13年实现承保利润，其间我们的税前收益累计高达262亿美元。取得这样的业绩绝非偶然：我们所有的保险经理人每天都在专注于严格的风险评估，他们知道：浮存很有价值，但如果承保业绩很糟糕，浮存带来的利润就会得不偿失。这一点，所有其他的保险公司都只是嘴上说说，而在伯克希尔，它已经成为一种信仰，圣经《旧约》般的信仰。

那么，我们的浮存是怎样影响内在价值的呢？计算伯克希尔的账面价值时，我们的全部浮存都会作为负债扣减，就好像我们明天就得全部赔付出去，而且无法重新补充一样。但是，将浮存严格视为债务，这是不正确的。相反，它应该被视为一笔处于循环之中的资金。每天，我们都要动用资金，用于过去合同的赔付和相关的开支（2015年，总计有600多万笔索赔，赔付总金额高达245亿美元），这就会造成浮存减少。但同样可以确定的是，我们每天也会签下新的保单（尽管很快会产生索赔），从而让浮存得到增加。

如果我们可以确保浮存既是零成本的，又是处于长期不断的周转中（对此，我坚信不疑），那么，这笔负债的实际价值就会大大低于会计上的负债。欠下1美元实际上永远不会离开口袋的债务（因为新的生意几乎肯定可以提供替代资金），同欠下1美元明天就得还出去而且无法获得替代资金的债务，两者是有天壤之别的。然而，根据GAAP，这两种债务是被同等对待的。

这笔被夸大的债务，可以通过我们收购旗下保险公司所产生并计入我们账面价值的155亿美元的“商誉”资产加以部分抵销。很大程度上，这笔商誉资产代表着我们为购买旗下保险公司的浮存产生能力而支付的价格。然而，商誉成本与其真实价值是没有关系的。例如，一家保险公司长期遭受巨额的承保亏损，那么，不管最初的成本如何，其账面上的商誉资产都应被视为毫无价值。

好在伯克希尔的情况不是如此。我和查理都认为，我们保险公司商誉的真正经济价值（即我们为收购某家保险公司乐于为同等品质的浮存所支付的价格），要远远超过其历史的账面价值。事实上，早在2000年，我们保险业务的155亿美元商誉资产就已全额入账。这之后，我们的浮存增加了2倍。它现在的价值，就是我们认为伯克希尔的内在价值远远超过其账面价值的一个原因（而且是非常重要的原因）。

****

伯克希尔极富吸引力的保险经济学能够确立，完全是因为我们拥有非常优秀的经理人，他们严格地运营着难以复制的业务模式。下面我将为大家介绍公司旗下主要的保险企业。

首先是浮存规模最大的伯克希尔·哈撒韦再保险集团（Berkshire Hathaway Reinsurance Group），由阿吉特·贾因（Ajit Jain）负责管理。别人不愿意或没有资本承保的风险，阿吉特都会承保。他的运营管理融合了能力、速度、果断以及（最重要的）保险行业中独一无二的头脑。不过，他绝对不会将伯克希尔置于超出公司资源能力的风险之下。

事实上，与大多数大型保险公司相比，伯克希尔在风险规避方面要保守得多。假设在某个年度，即使整个保险行业因某个重大灾难而遭受2,500亿美元的损失（大约相当于历史上曾经遭受的最大损失的三倍），伯克希尔公司仍然可能实现丰厚的盈利，原因是它拥有众多的盈利来源。此外，保险市场陷入混乱的时候，我们拥有充足的资金，也就拥有了签署保单的大量机会。与此同时，其他的大保险公司和再保险公司即使不会面临破产，也会深陷严重赤字。

1986年的一个周六，阿吉特走进伯克希尔的办公室时，他没有任何保险业务的经验。可是，当时主管保险业务的麦克·戈德伯格（Mike Goldberg）还是将我们的再保险业务交给了他。因为这个决定，麦克成了圣人：自加盟伯克希尔以来，阿吉特已经为公司的股东们创造了数百亿美元的价值。

****

我们另一家再保险巨头是通用再保险公司（General Reinsurance），由塔德·蒙特罗斯（Tad Montross）负责管理。

从根本上讲，健康的保险业运营需要坚持四大原则：（1）必须清楚可能导致保单发生亏损的所有风险敞口；（2）必须保守评估造成实际损失的风险敞口的可能性以及可能的损失额度；（3）必须确立一个刨除可能的损失成本和运营支出后仍然能够盈利的保费标准；（4）一旦这个保费标准无法达到，就要选择放弃。

许多保险公司都能够通过前三条考验，但会在第四条上遭遇失败。他们实在难以拒绝自己的竞争对手们都迫切想要签下的生意。“别人在这么干，我们也这么干”，这句老话在任何行业都可能招致麻烦，但是在保险行业的麻烦会更大。

塔德一直都严格遵守这四条保险“戒律”，其取得的业绩就是最好的证明。在他的领导下，通用再保险公司获得了巨额的浮存，其带来的收益甚至大大优于零成本的资金。我们预计，这种情况还会继续。我们尤其看好通用再保险公司的国际人寿再保险业务，自我们1998年收购该公司以来，这项业务的规模和利润实现了持续的增长。

记得我们刚收购通用保险公司不久，这家公司就问题缠身，业界评论（当然也包括我自己）认为我犯下了一个巨大的错误。那样的日子一去不复返了。如今，通用再保险公司已经成了一块“宝石”。

****

最后，还有我们的GEICO公司，65年前，我从这家公司身上学到了经验。目前，GEICO公司由托尼·奈斯利（Tony Nicely）掌管，他18岁就加入这家公司，至2015年，已经为之效力了54年。1993年，托尼成为GEICO保险公司的首席执行官，从那之后，公司的业务就一直飞速增长。托尼是业界最优秀的经理人。在我认识他的40年里，他采取的每个行动都具有重大的意义。

1951年1月，第一次拜访GEICO公司时，该公司相对于业界巨头的巨大成本优势，让我感到震惊。我很清楚，GEICO公司肯定会获得成功，因为它应该成功。

没有谁喜欢购买汽车保险，虽然几乎所有人都喜欢开车。汽车保险是大多数家庭的一笔主要开支。对于他们而言，节省开支是非常重要的——只有低成本运营的保险公司才能帮他们省钱。事实上，读到这封信的人，至少40%的人可以购买GEICO保险让自己省钱。所以先读到这里吧。赶快！立刻登录geico.

com网站，或者拨打热线800-847-7536。

GEICO的低成本优势，是公司每年都在开疆拓土、提升市场份额的主要原因。（2015年年末，我们的市场份额已经达到12%，而1995年伯克希尔控股GEICO公司时，其市场份额仅为2.5%。）GEICO的低成本优势为自己筑起了一道永久存在的、竞争对手们难以逾越的城壕。

我们公司的标志是壁虎，它不知疲倦地告诉美国人民，GEICO公司可以为他们省下一大笔钱。我喜欢听到这个小家伙传达的信息："只需15分钟，你就可以节省15%甚至更多的汽车保费。"（当然，总会有发牢骚的人。我的一位朋友告诉我说，幸好只有几只动物会说话，因为会说话的这些动物，除了谈论保险，似乎不会谈论别的话题。）

****

除了上面这三大保险公司，我们还拥有一批规模较小的保险公司，主要的经营范围是商业保险。这些小公司合在一起，就成了一个庞大的、持续成长的、价值可观的业务部门，持续不断地产生承保利润，远远超过竞争对手。事实上，过去十三年里，这批小公司获得的承销利润累计达到40亿美元（约占其保费收入的13%），而浮存也从9.43亿美元增长至99亿美元。

我们成立还不到三年的伯克希尔·哈撒韦特种保险公司（Berkshire Hathaway Specialty Insurance，BHSI）也是这批小保险公司的一员。我们做出的第一个决定，就是让彼得·伊斯特伍德（Peter Eastwood）来负责这家新公司，这一任命事后证明是一记漂亮的"本垒打"：BHSI公司的保费年销售额已经达到10亿美元；在彼得的领导下，公司肯定会成为全球领先的财产和意外保险公司。

以下是各保险公司承保利润和浮存的大致情况：

（单位：百万美元）

	承保利润		年末浮存	
保险公司	2015年	2014年	2015年	2014年
伯克希尔再保险	421	606	44,108	42,454
通用再保险	132	277	18,560	19,280
GEICO保险	460	1,159	15,148	13,569
其他保险公司	824	626	9,906	8,618
	1,837	2,668	87,722	83,921

伯克希尔拥有杰出的经理人群体、一流的财务实力、高大“城壕”护卫着的多种业务模式，足以确定其在保险业界的独特地位。这种诸多优势的组合，就是属于伯克希尔股东们的一笔巨额资产，随时间的推移，会变得越来越有价值。

政府监管下的资本密集型企业

在这个板块，我们有两大企业：伯灵顿北方圣塔菲铁路公司（BNSF）和伯克希尔·哈撒韦能源公司（Berkshire Hathaway Energy，BHE），这两家公司共同具有的一些重要特点，使其有别于伯克希尔旗下的其他公司。因此，在这封信中，我把它们单独列为一个部分，并且从我们基于GAAP的资产负债表和收益报表中将两者合计的财务数据单列出来。去年，它们为伯克希尔贡献了37%

的税前运营盈利。

这两家公司的一个主要特点是：巨额投资都是投向周期很长且处于政府监管下的资产，其中的部分投资是通过不享有伯克希尔担保的大量长期债券筹措的。事实上，两家公司并不需要伯克希尔的信用背书，因为它们都有很好的盈利能力，即使经济环境很糟糕，其盈利水平也远超所需偿还的利息。比如去年，铁路行业的表现令人失望，但BNSF的利息偿付率仍然超过8∶1。［我们对利息偿付率的定义是：息前与税前利润对利息之比，而不是通常采用的税息折旧及摊销前利润（EBITDA）对利息之比，因为我们认为后者存在重大瑕疵。］

同时，BHE还具有两大因素，可以确保其在任何环境下都拥有偿债能力。第一个是所有公用事业企业的共性：抗衰退的盈利能力，因为这类公司提供的都是基本的、排他性的服务。第二个因素只有除BHE之外极少数的公用事业企业才能享有：持续拓展的、多元化的盈利来源。这就为BHE筑起了保护屏障，不会因为某个监管主体的变化而受到严重损害。利润来源多元化，再加上背靠强大的母公司的天然优势，这就使得BHE及旗下公用事业子公司能够极大地降低债务成本。这一点让我们和我们的客户都能得到好处。

去年，BHE和BNSF在厂房和设备上的投资合计达到116亿美元，这是对美国基础设施领域里的一笔巨大投入。只要这些投资能够获得合理的回报，我们就愿意继续投入——在这一点上，我们对未来的监管层寄予高度的信任。

我们的信心是有充足理由的：一方面是我们过去的经验，另一方面是我们认识到这个社会永远需要巨大的交通和能源投资。政府以合适的方式善待资本提供者，以确保资金持续流向那些重要的基础设施项目，这样做是符合政府自身利益的。同时，引导我们的企业采取监管机构及其代表的民众都认可的方式运营，这也符合我们自身的利益。

要让顾客开心，最有力的手段就是低价格。在艾奥瓦州，BHE的平均零售电价为每度6.8美分，而该州另一家大型电力企业联合电力公司（Alliant）的平均零售电价是每度9.5美分。以下是相邻各州的可比电价：内布拉斯加州，9.0美分；密苏里州，9.3美分；伊利诺伊州，9.3美分；明尼苏达州，9.7美分。全国的平均电价是10.4美分。我们这种最低的价格，对于那些捉襟见肘的消费者而言，无疑是送给他们真金白银。

至于BNSF，要比较两大铁路公司的价格，则要困难得多，因为两者运输的货物种类和平均运输里程差异很大。不过，我们可以提供一个非常粗略的衡量标准：去年，我们每吨每英里的运费不到3美分，而美国其他四大铁路公司向客户收取的运费至少要高出40%，为4.2美分到5.3美分不等。

BHE和BNSF一直都是环境友好型技术的引领者。在风力发电领域，美国没有任何一个州能与艾奥瓦州相提并论。去年，我们在该州的风力发电量相当于该州零售电量的47%。（我们还会致力于建设新的风电项目，预计到2017年，这一比例将提升至58%。）

同美国其他一级铁路运输企业一样， BNSF使用1加仑柴油，就可以将1吨货物运输近500英里。铁路运输的燃料能效为卡车的4倍！此外，铁路还可以极大地缓解高速公路的拥堵状况（还可以减轻由纳税人承担的交通拥堵带来的维护费用）。

以下是BHE和BNSF的主要财务数据：

BHE（控股89.9%）	盈利（单位：百万美元）		
	2015年	2014年	2013年
英国公用事业	460	527	362
艾奥瓦公用事业	314	298	230
内华达公用事业	586	549	（58）
太平洋集团（俄勒冈及犹他州）	1,026	1,010	982
燃气管道（北方天然气及科恩河）	401	379	385
加拿大输电公用事业	170	16	—
可再生项目	175	194	50
地产服务	191	139	139
其他（净值）	27	26	12
息税前利润	3,350	3,138	2,102
利息支出	499	427	296
所得税	481	616	170
净利润	2,370	2,095	1,636
伯克希尔可得利润	2,132	1,882	1,470

BNSF	收益（单位：百万美元）		
	2015年	2014年	2013年
营业收入	21,967	23,239	22,014
运营支出	14,264	16,237	15,357
息税前利润	7,703	7,002	6,657
利息支出（净值）	928	1,010	729
所得税	2,527	2,300	2,135
净利润	4,248	3,869	3,793

我目前预计，2016年，BHE的税后利润会增长，但BNSF的利润会减少。

制造业、服务业及零售业

伯克希尔在这个业务板块的经营范围涵盖很广。我们来看看这个业务板块的资产负债表和盈利报告摘要。

资产负债表2015年12月31日（单位：百万美元）

资产		负债和权益	
现金及等价物	6,807	应付票据	2,135
应收账款及票据	8,886	其他流动负债	10,565
存货	11,916	流动负债总额	12,700
其他流动资产	970		
流动资产总额	28,579		
		递延税款	3,649
商誉及其他无形资产	30,289	期限债务及其他债务	4,767
固定资产	15,161	非控制性权益	521
其他资产	4,445	伯克希尔资产净值	56,837
	78,474		78,474

盈利报告（单位：百万美元）

	2015年	2014年	2013年*
营业收入	107,825	97,689	93,472
运营支出	100,607	90,788	87,208
利息支出	103	109	104
税前利润	7,115	6,792	6,160
所得税 及非控制性权益	2,432	2,324	2,283
净利润	4,683	4,468	3,877

* 2013年盈利不包括美联集团的租赁业务，现在这部分已并入“金融业务及金融产品”业绩。

根据GAAP得出的收入与支出数据见年报第38页。相比之下，上表中的营运支出数据不是根据GAAP计算的，因为它剔除了某些采购记账项目（主要是一些无形资产的摊销）。我们以这种方式报告数据，原因是我和查理都认为，调整之后的数据比GAAP下的数据更能精确地反映表中各项业务的实际支出与利润情况。

我不会逐一解释所有的调整细节（有些调整非常微小，很难解释清楚），但专业投资者应该能理解无形资产的差别性性质。有些无形资产会随时间而失去价值，有些则完全不会。就拿软件为例吧，软件资产的摊销费用就是实实在在的支出。相反，根据采购记账规则而入账的其他无形资产（如客户关系）所产生的摊销费用，就明显不能反映真实的资产状况。对于这两种费用，GAAP是不加以区分的。也就是说，计算盈利时，这两种费用都被记入支出——尽管从投资者的角度看，它们是截然不同的费用。

我们在年报第38页给出的数据中，11亿美元的摊销费用已作为支出予以扣减。我们可以说其中的20%是“实际发生”的费用，其余的都不是。由于我们进行了许多收购交易，因此，这些“非实际发生”的费用（以前在伯克希尔并不存在）就变得非常庞大了。随着我们收购更多的企业，非实际摊销费用很可能还会进一步攀升。

年报第55页给出的表格中，我们的无形资产现状是基于GAAP计算的。我们现在还剩有68亿美元的可摊销无形资产，其中41亿美元将在未来五年内支出。当然，这些“资产” 最终都会摊销完毕。一旦摊销完毕，即使实际利润没有什么变化，报表反映的盈利也会增加。（就算是我给我的继任者的一份礼物吧。）

我建议你最好忽略GAAP下的摊销费用。但这么做又让我有些担心，因为我知道，现在的企业管理者经常告诉股东们要忽略某些（完全真实的）支出项目。其中最恶劣的一个例子就是“股票薪酬”。这个名称本身就说明了一切：“薪酬”。如果薪酬不是支出的话，那它又是什么呢？如果实际发生的经常性支出都不纳入盈利的计算，那它究竟应该纳入什么地方呢？

在这个数字游戏中，华尔街的分析师们也扮演了角色，他们是“应声虫”，机械地重复着公司管理层提供的那些虚假的、忽略股票薪酬的“盈利”数字。也许是这些招人讨厌的分析师们不太懂；也许是他们担心失去管理层“关系”；又或者是他们玩世不恭，认为其他人都在这么玩游戏，为什么自己不顺应潮流呢？不管是什么原因，这些分析师都是有罪的，因为他们传达的误导性数据会欺骗投资者。

折旧费用就更为复杂，但它几乎都是实际发生的费用。可以肯定的是，在伯克希尔，折旧费用都是实际发生的费用。我倒是希望，我们既能减少折旧费用支出，同时又能保持企业的竞争力，但是，我花了51年，还是没有想出办法来。的确，我们的铁路公司入账的折旧费用，远低于保障铁路正常运行所需的资本支出，这两者的不匹配，就导致了GAAP下的盈利高于实际盈利。（整个铁路行业都存在这种夸大的盈利数字。）如果有首席执行官或投资银行家将折旧前的盈利数据（例如，税息折旧及摊销前利润）作为估值指南向你兜售，那你就看着吧，他们说话时鼻子会变长。

当然，我们公布的收益报告仍会遵循GAAP。不过，要获得真实的数据，就不要忘记将报告中的大多数摊销费用加回到利润额之中，同时还应减去柏林顿北方圣塔菲公司的某些不适当的折旧费用。

****

言归正传。我们来看看这些为数众多的制造业、服务业和零售业企业的情况，这些企业生产销售的产品，小到棒棒糖，大到喷气式飞机。按照非杠杆有形净资产收益来看，在这个业务板块中，有些公司的回报高得惊人，税后盈利率不等，从25%到远超100%。其他企业的收益也很不错，回报率介于12%到20%之间。

不过，也有几家公司的回报率非常糟糕（这归咎于我在资本配置工作中所犯的严重错误）。大多数错误，都是因为我当初对这些公司及其所属行业的经济态势做出了错误的评估，现在，我们正在为我的误判付出代价。还有几家公司，则是因为我对时任经理人或我任命的后任经理人的忠诚度和能力判断错误。今后我还会犯错，你们不能指望我不犯错。如果我们走运的话，这类错误会发生在我们规模较小的企业里。

如果将这个板块的众多公司视为一个单一实体，那称得上是一家非常优秀的企业。2015年，这些公司的有形净资产平均值为256亿美元，这还没算上它们持有的大量超额现金，而且，它们只是象征性地使用了杠杆，就获得了18.4%的资本税后收益率。

当然，即使是一家盈利状况非常出色的公司，如果收购价格过高，也仍然是一笔糟糕的投资。收购的大多数公司，我们都为其有形资产净值支付了相当高的溢价，这种成本体现在我们资产负债表中的商誉及其他无形资产上。不过，总体而言，我们配置在这个业务板块中的资本还是获得了相当不错的回报。2016年，随着金霸王电池公司（Duracell）和精密机件公司（Precision Castparts）的合并计入，这个板块的盈利会大幅增加。

我们这个板块的公司数量实在太多，难以逐一点评。更何况，它们眼下的和潜在的竞争对手也会读到这份报告。我们一些公司的详细数据如果为外人所知，我们就会处于不利的竞争地位。因此，对某些规模不会对伯克希尔评价造成实质性影响的公司，我们只公布那些要求公布的数据。不过，在年报的第88至91页，你还是可以找到我们许多公司的若干细节。

****

金融业务和金融产品

我们有三家经营租借和租赁业务的公司：寇特公司（CORT，家具租赁）、XTRA（半挂拖车租赁）和美联公司（主营油罐车租赁，也经营货车、联运罐式集装箱和起重机租赁）。这些公司都是各自行业领域里的领先者，随着美国经济的复苏，它们的盈利也取得大幅增长。我们对这三家公司分别投入的用于购买新设备的资金，要高于我们的竞争对手，而这些投资已经获得了回报。雄厚的资金实力是伯克希尔的一大持久优势。

凯文·克莱顿（Kevin Clayton）再次为克莱顿房屋公司（Clayton Homes）交出了一份行业领先的业绩表现。克莱顿公司是全美第二大的房屋建造商，去年，该公司销售了34,397套房屋，约占美国预制房屋销售总量的45%。相比之下，伯克希尔2003年收购这家公司时，它的行业地位只排第三，市场份额只占14%。

预制房屋让美国低收入人群实现了拥有自住房屋的美国梦：全美售价低于15万美元的新建房屋中，约70%都是预制房屋。克莱顿卖出的房屋，约46%都是通过我们的331家自营门店销售的，其余的大部分是通过1,395家独立零售商销售的。

克莱顿公司业务运营的关键，是其拥有128亿美元的抵押贷款投资组合。其中约35%的抵押贷款来自预制房屋，约37%来自我们的零售业务，剩余部分主要来自独立零售商，这些零售商中，有些会销售我们的房屋，而有些只卖我们竞争对手的房屋。

贷款商来来去去，而克莱顿公司不同。2008年至2009年那段令人恐慌的金融危机期间，在伯克希尔的支持下，克莱顿公司仍然坚定地为购房者提供贷款。在此期间，克莱顿公司还动用宝贵的资金，为那些并没有经营我们房屋的销售商提供资金支持。当时，我们为高盛集团和通用电气公司提供的资金支持占据了各大媒体的头条；伯克希尔私下向克莱顿公司注入的资金，不但让数以千计的美国家庭保住了房屋，还让许多并没有经营克莱顿房屋的销售商幸存下来。

我们的销售门店都有语言简单、大号字体的宣传资料，不断地告知购房者，他们可以选择多种融资渠道（大部分来自当地银行），而且要确保客户收到并阅读这些信息。（我们使用的表格，原样复制在报告的第119页。）

抵押贷款这种做法，对于借款人和整个社会都具有重要的意义。毫无疑问，不顾后果的滥放住房贷款行为，是导致2008年金融恐慌的主要原因，后者进而引发了经济大衰退。金融危机发生的前几年，到处盛行着这样一种破坏性的、腐败性的抵押贷款模式：（1）贷款发放机构（比如在加尼福利亚）发放抵押贷款；（2）然后这家机构立即把抵押贷款卖给一家投资银行或商业银行（比如在纽约），这家银行将许多抵押贷款打包，并以此作为抵押物去购买一批让人眼花缭乱的、由抵押贷款背书的证券；（3）然后又把这些证券卖给世界各地不知情的机构。

似乎上述“罪行”还不足以引发混乱的恶果，有些异想天开的投资银行有时候还要再炮制出第二层细分金融产品，其价值依赖于首次发行债券中的那些更为垃圾的债券。（如果华尔街推出“创新产品”，那你就要当心了！）这种“倍增”做法，我认为就好比是要求投资者读完好几万页让人抓狂的文字，再来评估要买的这只证券。

贷款发放机构和这些金融产品的打包机构都没有负起责任，完全是为了业务量和利润。许多贷款购房者也加入这场“派对”，公然在贷款申请表上造假，而贷款发放人也假装没看见。风险最大的信贷产品，其产生的收益自然也最大。华尔街那些衣着光鲜的推销员们，通过炮制他们的客户并不懂的产品，每年就能获取数百万美元的收入。（同样值得怀疑的是，各大评级机构是否胜任对这些非常复杂的体系进行评级？然而他们就这样做了。）

巴尼·弗兰克（Barney Frank）可能是金融危机期间最懂金融的国会议员，最近他在评价2010年《多德-弗兰克法案》时说：“我发现，该法案在执行过程中有一大缺点，那就是，监管者决定，不将风险自留强制性加之于所有的住房抵押贷款。”今天，有些立法者和评论家还在建议，要让贷款发放方承担1%至5%的风险自留，以此让其利益与最终借款人和贷款担保人的利益相一致。

在克莱顿公司，我们过去和现在都是100%的风险自留。我们每发放一笔抵押贷款，就会一直持有它（除了少数符合政府担保的贷款）。我们如果放贷不慎，那么我们自己承担代价——这个代价着实不小，比我们的房屋原始销售利润都要多得多。去年，我们不得不取消了8,444笔预制房屋抵押贷款的抵押品赎回权，为此我们损失了1.57亿美元。

2015年，我们发放的抵押贷款平均每笔为59,942美元，对那些传统的抵押贷款放贷者来说，这是个小数目，但对我们许多低收入借款人而言，却是一个可怕的还款责任。我们的客户依靠贷款获得一栋不错的房屋（看看我们将在年会上展示的房屋），平均每月只需支付552美元的本息。

当然，有些借款人可能会失业、离婚或去世。还有的借款人信用卡过度欠账或投资理财不当。这样的话，我们就会失去金钱，而我们的借款客户就会失去首付款（虽然他在保有住房期间的还款可能低于同类住宅的租金）。然而，即便是我们的借款客户的信用评分（FICO）和收入都较低，他们在经济大衰退期间的还贷情况仍然远好于许多抵押贷款池的客户，而他们的收入是我们典型的借款客户收入的好几倍。

我们的抵押贷款投资组合运行良好，其中的一个原因是：我们的借款人都强烈渴望拥有自己的房屋。同样重要的是，该投资组合的资金来源，大部分都是浮动利率贷款或固定利率短期贷款。因此，最近几年短期贷款超低的利率，使我们的利息成本与抵押贷款组合（贷款为固定利率）产生的收入之间的差额不断扩大。（有时候，如果我们只购买长期债券然后以某种短期方式进行融资，我们也能获得类似的利润。）

通常情况下，我们克莱顿公司这种短期借入并以固定利率长期借出的行为是有风险的。过去几年里，有些这样做的金融巨头已经破产了。然而，在伯克希尔，我们拥有天然的抵消物：我们公司赚取短期利息的现金及等价物始终保持在200亿美元以上。更多情况下，我们的短期投资额介于400亿至600亿美元。假如我们以0.25%的利率投资600亿美元，那么短期利率的急剧上涨就会给我们带来收益，而且这些收益要远高于我们为克莱顿公司提供130亿美元抵押贷款组合所承担的融资成本。借用金融术语来说，伯克希尔是（而且永远是）高度资产敏感性的企业，因而会获益于利率的上涨。

现在我来谈谈另一个我引以为傲的话题，这个话题与监管有关。当年的经济大衰退，使抵押贷款放贷机构、金融服务机构和打包机构都面临严苛的监管以及高达数十亿美元的罚款。

这些监管自然也波及到了克莱顿公司，其抵押贷款业务频频遭受审查和检查，检查内容包括：贷款发放、服务、贷款回收、宣传推广、法规执行、内部管控，等等。在联邦政府层面，我们要接受联邦贸易委员会、住房与城市发展部、消费者金融保护局等部门的监管。数十个州政府也在监管我们。事实上，过去两年里，来自联邦政府和25个州的各种管理部门对克莱顿公司的检查次数多达65次。结果呢？这段时间里，我们总共被罚了38,200美元，退还给客户704,678美元。此外，虽然我们去年不得不取消2.64%的预制房屋的抵押品赎回权，但我们95.4%的借款客户都在向着拥有无贷款房屋的目标迈进，年底都进行了还款。

****

去年9月30日，美联集团（Marmon）收购了通用电气公司25,085台轨道车，集团的轨道车舰队迅速扩大，年底已增至13,322台。倘若将我们的轨道车舰队连成一列火车，那么引擎就会在奥马哈，而最后一节车厢在缅因州的波特兰。

截至去年底，我们轨道车的租用率高达97%，每年的续租率为15%~17%。这些“油罐车”听上去是原油运输的工具，但实际上只有7%的轨道车运输的是原油，我们主要运输的是化工产品和精炼石油。火车从你身边驶过时，仔细寻找我们油罐车上的UTLX或Procor标志。看到那个标志时，请你挺起胸膛：作为股东，你也是那辆轨道车的主人之一。

以下是这个业务板块的盈利概况：

	2015年	2014年	2013年
	（单位：百万美元）		
Berkadia公司（我们持股50%）	74	122	80
克莱顿公司	706	558	416
寇特家具	55	49	42
美联集团（集装箱与起重机）	192	238	226
美联集团（轨道车）	546	442	353
XTRA公司	172	147	125
净财务收入*	341	283	322
	2,086	1,839	1,564

*未计入资本损益。

投 资

下面列出的是截至去年年末我们投资的15只市值最高的普通股情况。我们没有列出我们持有的卡夫亨氏公司股票，是因为伯克希尔本身就是该控股集团合伙人，因此，必须按照“权益法”核算这笔投资。

2015年12月31日

持股数量**	公司名称	伯克希尔所持股份比例	成本*	市值
			（单位：百万美元）	
151,610,700	美国运通	15.6	1,287	10,545
46,577,138	AT&T公司	0.8	1,283	1,603
7,463,157	Charter有线电视	6.6	1,202	1,367
400,000,000	可口可乐	9.3	1,299	17,184
18,513,482	DaVita保健	8.8	843	1,291
22,164,450	迪尔公司	7.0	1,773	1,690
11,390,582	高盛集团	2.7	654	2,053
81,033,450	IBM公司	8.4	13,791	11,152
24,669,778	穆迪公司	12.6	248	2,475
55,384,926	菲利普斯66	10.5	4,357	4,530
52,477,678	宝洁公司	1.9	336	4,683***
22,169,930	赛诺菲	1.7	1,701	1,896
101,859,335	美国合众银行	5.8	3,239	4,346
63,507,544	沃尔玛公司	2.0	3,593	3,893
500,000,000	富国银行	9.8	12,730	27,180
	其他		10,276	16,450
	持有普通股总值		58,612	112,338

*这是我们的实际购买价格和课税基础；GAAP“成本”有时候会因为要求的减记而有所不同。

**未计入伯克希尔子公司退休金基金的持股。

*** 合同约定金额。

上表没有列出伯克希尔的一项重要的股东权益：在2021年9月前的任何时间，我们能够以50亿美元的价格购买7亿股美国银行股票。截至去年年末，这些股票价值118亿美元。我们很可能在到期前行权购入这些股票，而且，如果我们乐意的话，我们还可以将50亿美元的美国银行优先股（股息为6%）作为购买资金。同时，各位必须认识到，美国银行实际上是我们的第四大股权投资——我们非常看重这项投资。

生产力与繁荣

此前，我曾说到过，我们卡夫亨氏的合伙人是如何杜绝效率低下从而提升每小时工作产出的。这种生产力的进步，就是美国自1776年成立以来生活水平显著提升的“秘制调料”。不幸的是，这“秘制”商标是名副其实的：只有极少数美国人能够完全理解生产力与经济繁荣之间的关联。要知道两者的关联性，我们首先来看看美国最经典的例子——农业，然后再观察伯克希尔的三个具体的业务领域。

1900年，美国有2,800万劳动力人口，其中1,100万（竟然占总数的40%）从事的是农业工作。当时的主要农作物与现在一样是玉米。约9千万英亩的农田用于玉米种植，每英亩产量为30蒲式耳（在美国，1蒲式耳相当于35.238升），年总产量为27亿蒲式耳。

后来，有了拖拉机以及相继出现的创新技术，为种植、收割、灌溉、施肥、选种等农业生产力的关键环节带来了革命性的变化。如今，我们大约有8,500万英亩的农田用于种植玉米。然而，由于生产力的提升，每英亩的产量已经超过150蒲式耳，年总产量为130亿至140亿蒲式耳。其他农作物的产量也同样得到提升。

然而，产量的提升并非故事的全部：伴随物量产出剧增的，是农业劳动力人口（“人力投入”）的大幅减少。今天，只有大约300万人口从事农业生产，仅占1.58亿总劳动力人口的2%。由此可见，由于农业技术的进步，今天的数千万劳动力才可以将时间和才智投入到其他领域，这种人力资源的再分配，才使今天的美国人民得以享受大量的非农业商品和服务——否则，他们是不会享受到这些商品和服务的。

回顾过去的115年历史，我们很容易发现，农业创新带来了多么非凡的益处——不仅惠及农民，更广地说，也惠及我们整个社会。如果那些提升生产力的技术当年被扼杀，那我们绝对不会拥有现在的美国。（幸好马儿们不会投票。）然而，有些农场工人被完成常规工作的效率远超人力的机械夺走了工作，每天对他们大谈“生活更美好”无疑是空话。稍后我们会在这部分谈到生产力提升的另一面影响。

现在，我们来分享三个效率提升的故事，它为伯克希尔的子公司带来了重大的变化。如今，这类“脱胎换骨”的故事在美国商界已经是司空见惯了。

- 1947年，“二战”刚刚结束，美国的劳动力人口总量为4,400万，其中大约135万工人就职于铁路行业。当年，一级铁路企业的货物运输量总计为6,550亿吨英里。

  到了2014年，一级铁路企业的货运量高达1.85万亿吨英里，增长182%，而雇员人数仅为18.7万人，相比1947年减少了86%。（减少的雇员中，部分来自客运，但大部分都来自货运。）由于这种生产力的大幅提升，扣除物价因素后，每吨英里的货运价格相比1947年已经降低了55%，按当期货币计算，每年为托运方节省了约900亿美元的开支。

  还有一组令人震惊的数据：如果今天的单位货运量所需人数依然停留在1947年的水平，那我们就需要300多万铁路工人来处理目前的货运量。（如此庞大的雇员量当然会大大增加运输费用，也绝对不会达到现在的货运量。）

1995年，通过伯林顿北方公司与圣塔菲公司的合并，我们成立了BNSF。1996年，这家合并组建的新公司完整运营的第一个年度，4.5万名员工就完成了4.11亿吨英里的货运量。去年的可比数据为：4.7万名员工（仅增加4%）、7.02亿吨英里货运量（增长71%）。生产力的巨大提升，不但惠及运输企业，也惠及托运商。同时，BNSF的安全性也得到提高：1996年，可上报的工伤数为2.04人/20万工时数，如今已降至0.95人/20万工时数，降幅超过50%。

●100多年前发明了汽车，围绕着汽车形成了一个为汽车和驾驶人员提供保险服务的产业。起初，汽车保险是通过传统的保险代理机构（火灾险代理机构之类）承保的。这种基于代理机构的承保方式，会产生高昂的佣金及其他承保费用，1美元保费就要耗掉40美分。当时，强大的地方保险代理机构处于主导地位，因为它们代理了多家保险公司，进行佣金谈判时，就可以在两家保险公司之间挑拨离间并从中获利。垄断定价盛行，相关各方都得到好处——除了保险客户。

接着，美国的创造力开始展现：伊利诺伊州梅尔纳市的农场主迈赫尔（G. J. Mecherle）想到了一个点子，建立专属销售队伍，只销售某家公司的保险产品。他为自己的这个“婴儿”取名为“州立农业互助保险公司”（State Farm Mutual）。该公司大力削减佣金和费用（降低保险价格的举措），很快就发展成为保险巨头。数十年间，在汽车险和家财险的保费收入方面，州立农业互助保险公司一直都是遥遥领先的领跑者。同样采用直接分销模式的好事达保险公司（Allstar）长期都是屈居亚军。州立农业互助保险公司和好事达保险公司的承保费用均为25%左右。

20世纪30年代早期，又出现了新的竞争者——联合汽车服务协会（United Services Auto Association，“USSA”），它类似于互助保险公司，以直接向客户销售的方式，为军官提供汽车保险。这一创新营销方式，源自军队人员的需要，他们购买的保险必须能随其不断改变的驻地而生效。这样的业务对本地保险代理机构几乎毫无吸引力，因为它们想要的是常住居民的稳定续约。

USAA的直销模式，带来了比州立农业互助保险公司和好事达保险公司更低的价格，因而为客户创造了更大的优惠。于是，USAA的员工古德温夫妇（Leo Goodwin & Lillian Goodwin）就梦想着扩大这一直销模式的目标市场，不再只为军官提供保险服务。他们以10万美元的资本起步，1936年并入政府雇员保险公司（Government Employees Insurance Co）（后来，这一长串公司名称被缩写为GEICO）。

1937年（首个营业年度），这支保险新军就实现了23.8万美元的汽车保险销售额。去年，GEICO的销售额达到226亿美元，是USAA销售额的两倍多。（虽说早起的鸟儿有虫吃，但第二个起来的老鼠有奶酪吃。）2015年，GEICO的承保费用占保费的14.7%，USAA是唯一将承保费用控制在更低比例的大公司。（GEICO同USAA一样高效，但其为拓展业务而在广告上的支出远高于USAA。）

GEICO的低成本带来了价格优势，因此，几年前，GEICO从好事达公司的手上夺走了汽车保险行业第二把交椅就不足为奇了。虽然州立农业互助保险公司在保费收入上远远领先于我们，但与之相比，GEICO仍然占据优势。我打算在2030年8月30日（我的100岁生日）宣布GEICO坐上头把交椅。请记住这个时间。

GEICO拥有3.4万名员工，为1,400万保险客户服务。如果是采用保险代理制度，要服务类似数量的保险客户需要多少员工，这个我只能大概估算。我相信，这个数字至少是6万，包括保险公司所需的直接雇员以及代理机构的员工。

●在电力公用事业业务方面，我们的BHE的运营模式也在随着经济环境的改变而改变。过去，效率并不是地方能源企业赖以生存的基础。事实上，从财务角度看，“粗放”的运营模式也能支撑下去。

这是因为，公用事业企业通常是某种需求产品的唯一供应商，能够根据其投入的资金来做出获得规定回报的定价。业内有这样一个笑话：公用事业是唯一一笔只靠装修老板办公室就能挣到大钱的生意。有些公用事业企业的首席执行官也的确是这么做的。

一切都在改变。如今，社会各界已经意识到，享有联邦政府补贴的风能和太阳能发电符合美国的长远利益。联邦政府通过税收抵免来推进这一政策，有了税收支持，可再生能源在某些地域就具有了价格竞争力。这些税收抵免或是政府对可再生能源的其他支持政策，最终可能会侵蚀这些公用事业企业的经济效用，尤其是那些经营成本较高的公司。BHE长期注重效率（即使公司无须效率也能获得核定盈利），这使得我们在今天的市场中极具竞争力（更重要的是，在未来的市场中仍会极具竞争力）。

1999年，BHE收购了艾奥瓦公用事业公司。此前一年，这家公司还雇用着3,700名员工，发电量只有1,900万兆瓦/时。现在，我们的这家公司只雇用3,500名员工，发电量达到2,900万兆瓦/时。由于效率的巨大提升，16年来，我们的电力价格从未增长，而同期行业的电力价格上涨了44%。

我们的艾奥瓦公用事业公司的安全记录也非常出色。2015年，工伤数仅为0.79/100人，相比之下，我们收购前一年该公司的工伤数高达7/100人。

2006年，BHE收购了美国太平洋集团（PacifiCorp），该公司的运营区域主要在俄勒冈州和犹他州。收购前一年，太平洋集团的员工人数为6,750人，发电量为5,260万兆瓦/时。去年，公司员工降至5,700人，而发电量增加至5,630万兆瓦/时。同样，公司的安全记录也显著提升，2015年每100名员工事故率从3.4下降到0.85。现在，在安全方面，BHE公司可以在业内排到前十。

这些优异的业绩可以解释为什么BHE打算收购某个公用事业企业时会受到当地监管机构的极大欢迎。监管者知道，我们公司会高效、安全而可靠地运营，同时还会带去大量资金投入各种有价值的项目。（获得控股权以来，BHE从未向伯克希尔支付过股息。BHE对再投资的热情，在全美由投资者所有的公共事业中无人能及。）

* * * * * * * * * * * *

我刚才详细解释了，生产力的提升（以及美国其他的无数成就）为社会带来了巨大的益处。也正因为如此，我们的全体公民才会一直（而且还会继续）享受到产品和服务的巨大提升。

这些益处会有抵消因素。第一，近年来所取得的生产力提升，受益者很大程度上是富人们。第二，生产力提升常常会引发动荡：当创新或新的高效技术颠覆了已有世界，资本家和劳动者都将付出巨大的代价。

我们不需要同情资本家（不管是私人拥有者还是大批的公众股东）。他们有责任照顾好自己。既然投资者因为正确的决定而收获丰厚的回报，那他们就不能免于因错误的决定而带来的巨大损失。而且，分散投资、耐心持股等待的投资者肯定会成功：在美国，成功投资的回报总是远远高于失败投资的损失。（20世纪，道琼斯工业平均指数——一种分类指数基金——由66点飙升至11,497点，其成分股公司始终在支付不断增长的股息。）

但工龄较长的劳动者就会面临不同的问题。创新与市场机制相互作用，带来效率的提升，此时，许多劳动者很可能就成为冗余人员，他们的才能显得过时。有些人可以在别的地方找到体面的工作，而其他人却别无选择。

当低成本竞争将制鞋业移向亚洲时，我们曾经繁荣一时的德克斯特鞋业（Dexter）倒闭了，缅因州小镇的1,600名员工因此失业。许多人已经过了可以再学习一门行业的年龄。我们失去了全部的投资，不过我们还能够承受得起，然而，许多员工失去的是无法被取代的生计。同样的场景也发生在我们原来新英格兰地区的逐渐衰落的纺织企业，苦苦撑了20年，最终还是破产倒闭。我们新贝德福德厂的许多老员工也是活生生的例子，他们只会说葡萄牙语，几乎不会说英语。他们没有B计划。

对于这样的动荡，解决办法不是限制或禁止提高生产力。如果我们强制让那1,100万人口一直从事农业工作，美国人民就不会过上我们今天这样的生活。

相反，问题的解决方案在于，给那些愿意继续工作但其才能因市场力量而失去价值的人，提供各种安全保护网。（我个人非常赞成改革并扩大劳动所得税减免制度，以确保美国是为那些愿意工作的人工作的。）大多数美国人获得的持续繁荣，不应让那些不幸的人承受贫困的代价。

重要的风险

根据美国证券交易委员会（SEC）的要求，同所有其他上市公司一样，我们每年都必须在年度报表中登记“风险因素”目录。然而，我根本就不记得，阅读“风险”部分曾有助于我评估某个公司。这并不是因为这些被认定的风险不真实。然而，真正重要的风险通常都是已知的风险。此外，10-K表中的风险目录很少有助于评估：（1）危险事件真实发生的可能性，（2）危险事件发生所引发的成本范围，（3）可能损失的发生时间。50年后才会浮现的问题可能会成为社会问题，但这不是今天的投资者需要考虑的财务问题。

伯克希尔涉足的业务领域，比我知道的任何一家公司都要广。我们的每一项事业都存在各种问题和机会。要列出来很容易，但评估起来却很困难：在计算这些风险的可能性、发生时间、引发的成本（或收益）时，我、查理和其他首席执行官常常会出现重大的分歧。

我来举几个例子。首先来看一个显而易见的威胁：未来十年内，BNSF和其他铁路公司肯定会失去大量的煤炭运输业务。在未来的某个时间点（我认为不会太远），GEICO的保费收入可能会因为无人驾驶汽车而缩水。这一趋势也会影响到我们的汽车经销业务。我们的报纸发行量会继续下降，这是我们收购时就估计到的情况。迄今为止，可再生能源有助于我们的公用事业业务，但是，如果电力存储能力得到实质性提升，那情况就会不同。在线零售业对我们零售企业的经营模式和某些消费者品牌造成了威胁。这些潜在的威胁，还只是我们面临的几个负面可能性，但是，即使是最不关注商业新闻的人，也早已意识到了这些负面因素。

然而，这些问题都不会对伯克希尔的长期繁荣发展起到决定性的作用。1965年我们刚接手这家公司时，只需一句话就能概括其当时面临的风险："我们所有的资本都留置在北方纺织公司，但它注定会不断亏损并最终消亡。"然而，这一趋势并没有为我们敲响丧钟。我们只是随机应变。未来我们仍将如此。

伯克希尔的经理人每天都在思考：他们如何才能在这个变化不断的世界里更有竞争力。同样，我和查理每天都在关注，稳定的现金流应该配置在什么地方。在这个方面，我们比那些单一行业公司拥有更大的优势，因为它们的投资选择要有限得多。我坚信，伯克希尔拥有充裕的资金、人才和企业文化，能够突破我上面提及的（以及其他更多的）逆境，形成愈发强大的盈利能力。

然而，伯克希尔现在正面临着一个明确而持久的危险，对此，我和查理都感到无能为力。伯克希尔面临的这个威胁，也是我们美国人面临的主要威胁：针对美国的"成功的"（攻击者的定义）网络、生物、核能和化学袭击。这是伯克希尔和所有美国企业都面临的风险。

在任何年份，发生这种大规模袭击的可能性都是非常小的。我曾投递的一份《华盛顿邮报》头条报道美国投掷第一枚原子弹的新闻，距今已有70多年。随后，我们几次都侥幸脱险，避免了毁灭性的灾难后果。为此，我们得感谢我们的政府——还得感谢运气！

但是，从长远来看，短期内的小概率事件一定会发展为必然事件。（如果某年发生某件事情的概率为1/30，那么100年内这件事情至少发生一次的概率就会是96.6%。）还有坏消息：永远有个人、组织甚或是国家对我们的国家造成巨大伤害。在我这一生中，他们造成伤害的方式，已经呈现出指数级增长的态势。“创新”也有它阴暗的一面。

美国的公司和投资者都无法摆脱这一风险。如果美国发生大规模毁灭性事件，那几乎所有的股票投资都会大幅贬值。

没有人知道“后天”会是什么样子。不过，我认为，爱因斯坦1949年发表的评价，今天看来依然贴切：“我不知道第三次世界大战的武器是什么样，但是，第四次世界大战的武器将会是石块和棍棒！”

* * * * * * * * * * * *

我写这部分内容，是因为今年的年会上，我们要审阅一个关于气候变化的代理提案。赞助商希望我们能提交一份报告，阐述气候变化可能对我们的保险业务造成的危险以及我们应对这些威胁的方法。

在我看来，气候变化很可能是我们这个星球面临的一个重大问题。我之所以说是“很可能”而不是“一定”，是因为我缺乏相应的科学能力，也是因为我清楚地记得大多数“专家”对千年虫病毒的可怕预言。不过，如果世界确实有可能遭受将要到来的巨大伤害，而且即使立即采取行动也很难阻止这一危险的发生，那么，不管什么人，再要求100%确凿的证据来证明伤害的到来，那就是非常愚蠢的。

这个问题和关于上帝是否存在的“帕斯卡赌注”有着相似之处。各位可能还记得，帕斯卡认为，即使上帝真实存在的可能性非常微小，按照上帝真实存在的态度去行事就是有意义的，因为这么做可能有无限回报，而不这么相信却要冒永生痛苦的风险。同样，即使这个星球面临巨大灾难的可能性只有1%，而且延误时机就意味着无法重来，那现在不采取行动就是愚蠢的行为。我们可以称之为诺亚法则：如果方舟是生存之本，那么，不管现在的天空是多么万里无云，都该立即着手建造方舟。

代理提案的赞助商会认为伯克希尔是受气候变化威胁最大的公司，这是可以理解的，因为我们是一家大型保险公司，业务覆盖各种风险。赞助商或许会担心，因气候变化造成的财产损失会急剧飙升。事实上，如果我们签的是为期10~20年、价格固定的保单，那这种忧虑可能就是有必要的。但是，保单通常都是一年一签，每年都会重新定价，以反映风险敞口的变化。亏损的可能性增大，立即就会反映在保费的增加上。

回想1951年，我第一次对GEICO产生热情的时候，当时，GEICO每份保单的损失为年均30美元左右。想象一下，如果我当时就预测到2015年损失成本会增加到每份约1,000美元，你会做出什么反应？你会问，这样飙升的损失是不是证明有灾难发生？当然不是。

过去几年里，通货膨胀导致汽车维修和人身安全事故费用猛增。但是，这些增加的费用及时反映在增加的保费上。因此，损失成本上升，反而增加保险公司的价值。如果成本一直维持不变，那伯克希尔现在拥有的就是一家年业务额为6亿美元而非230亿美元的保险公司。

到目前为止，气候变化并没有带来更加频繁、损失更大的飓风或其他保险范围内的气候事件。因此，最近几年，美国巨灾险的费率持续下降，这也是我们退出该业务的原因。如果大灾带来的损失更加惨重、更加频繁，那么伯克希尔旗下的保险公司所受到的影响，很可能（当然并不一定）就是把这一块业务做得更大、利润更高。

作为一个公民，你很可能因为气候变化而彻夜难眠（这是可以理解的）。作为一栋低洼地带房屋的所有者，你可能想要搬家。但是，作为大型保险公司的一位股东，气候变化不应该在你担心的名单之上。

年 会

我和查理终于决定要迈进21世纪了。今年，我们的年会将通过网络对全世界进行全程直播。要观看网络直播，只需在4月30日（周六）美国中部夏令时间上午9点登录网址：https://finance.yahoo.com/brklivestream。前半小时，“雅虎网络直播”（Yahoo! webcast）会播放对经理人、公司董事和股东的采访片段。然后，我和查理将在9点30分开始回答问题。

这一新的安排有两个目的。第一，分流参会人员或适当减少与会人数。去年有创纪录的4万多人参会，造成我们接待能力的紧张。世纪链接中心（CenturyLink Center）的主会场很快人满为患，于是我们又包下了该中心的外厅以及与主会场毗邻的奥马哈希尔顿酒店的两个大型会议室。各大酒店的房间都预订一空，还没包括民宿预订网Airbnb增加的预订。对那些预算有限的参会人员而言，Airbnb是一个特别好的选择。

我们开启网络直播的第二个原因就更为重要了。查理92岁，我85岁。如果我俩和你们是小公司的合伙人，也许你们偶尔会想来看看，确保我们没有老糊涂。现在，股东们不用亲自跑到奥马哈来看我们的长相、听我们的声音。（做出评价的时候，请宽容一些，要考虑到这样的事实：就算状态最好的时候，我们的长相也不那么令人印象深刻。）

观众们也可以观察我们健康长寿的饮食习惯。会议期间，我和查理都要喝很多可乐，吃许多喜诗软糖和花生脆，这些热量都够得上一个美国职棒大联盟（NFL）前锋一周的摄入量了。很久以前，我们就发现了一个重要的真理：当你真的很饿的时候，没有什么比胡萝卜和花椰菜更美味，而且还想就这么一直吃下去。

计划来现场参加会议的股东，可以早上7点到达，那个时候，世纪链接中心会开门，就可以开始购物了。今年的年会仍由卡莉·索瓦（Carrie Sova）主持。上个月月底，她刚生下第二个孩子，但这没耽搁她的脚步。卡莉镇定、机智并且专业，擅长调动同事们的积极性。来自全国各地的数千名伯克希尔员工，以及公司总部办公室的所有工作人员，都会协助卡莉，共同为我们的股东们带来一个快乐、充实的周末。

去年，我们延长了世纪链接中心的购物时间。我们的销售量飙升，所以，今年我们自然还会延续新的营业时间。4月29日（星期五），您可以从中午一直逛到下午5点，周六的展览和商店则会从早晨7点一直营业到下午4点半。

周六上午，我们将举行第五届国际报纸投掷挑战赛。我们的目标依然是“克莱顿之家”的门廊，距投掷线正好35英尺。我十几岁的时候（想靠诚实劳动赚钱），送过大约50万份报纸，因此，我认为自己很擅长这个比赛项目。来挑战我！让我丢丢人！杀杀我的威风！报纸有36到42页，你必须自己叠好（不许使用橡皮筋）。

比赛将在早上7点15分开始，参赛者首先将参加预选赛。投掷最准确的8名选手（4名12岁以下选手、4名老年组选手）将在7点45分与我展开决赛。年轻选手每人都会获得奖品，而老年选手必须要打败我才能将奖品带回家。

一定要去看看“克莱顿之家”。只需78,900美元就可以买下它，我们会将它安装到你指定的地点。过去几年中，我们在会议日当天的销售量都很高，凯文·克莱顿会随时准备好订货单。

上午8点30分，将会播放一部新的伯克希尔宣传电影。一个小时后，我们就开始问答环节，问答环节会持续到下午3点30 分（包括自世纪链接中心露台上的午餐休息时间）。短暂休息后，3点45分，我和查理将正式召开年会。这个环节通常会持续半小时左右，那些想在最后时间再买点儿东西的人可以跳过这个环节。

购物场所是一处面积约为194,300平方英尺的大厅，与会场毗邻，出售数十家伯克希尔子公司的产品。伯克希尔的许多经理人会在那里为自己公司的产品站台，向他们问声好吧。一定要去看看BNSF的铁路布局图，这是为了向我们所有的子公司致敬而安排的。你的孩子（还有你）肯定会着迷的。

今年，我们还将在大厅里举行一个很特别的新展览：世界最大飞机引擎的全尺寸模型。其中的许多关键零部件都是由精密机件公司制造的。真的引擎重约2万磅，直径10英尺，长22英尺。此次展览的模型被切成两半，让您更好地看看该公司为您的飞机提供的许多零部件。

我们的跑鞋公司Brooks将在年会上再次推出特别纪念款。你可以买上一双，然后穿上去参加周日上午举行的第四届“伯克希尔五公里”年度赛跑。比赛上午8点开始，起跑点位于世纪链接中心。比赛所有的细节，你可以看看随会议入场券一起寄去的参会指南。参加这个比赛，你会发现跑在自己身边的人，有许多是伯克希尔公司的经理人、股东和合作伙伴。（不过，我和查理得多睡一会儿——周六会议上，我们一直在吃软糖和花生脆，这就是恶果吧。）参加“五公里赛跑”的人数，每年都在增加。来吧，帮助我们刷新参赛人数的纪录。

GEICO设在购物区的展位，很多工作人员都是公司的高层顾问，来自全美各地。来GEICO展位看看保险报价吧。大多数情况下，该公司都会给你一个股东折扣（通常优惠8%）。我们的51个业务区，有44个都可以提供这种折扣。（补充一点：如果你已经获得了其他折扣，比如那些针对特定人群的优惠，那就不能再享受叠加折扣了。）带上你现有的保单，再看看我们的价格。我们可以让你们中的很多人节省真金白银。拿省下的钱，再去购买我们的其他产品。

一定要记得去“书虫”（Bookworm）的展位看看。那里会出售35部书和很多DVD，其中不少是新品。安迪·凯尔帕特里克（Andy Kilpatrick）将介绍其创作的全方位报道伯克希尔的最新版书（并且很乐意签名）。这本书有1,304页，重达9.8磅。（我对这本书的推荐词是：“吝啬到荒唐。”）还要看看彼得·贝弗林（Peter Bevelin）的新书。长期以来，彼得一直在敏锐地观察伯克希尔。

去年在年会期间卖出12,000本的《伯克希尔50周年纪念册》，今年我们将推出新的版本，增加了20页的内容。去年年会结束后，我和卡莉发现了一些我们认为会吸引人的新资料，比如由格鲁夫·克利夫兰（Grover Cleveland）寄给他的朋友、时任《水牛城日报》发行人爱德华·巴特勒（Edward Butler）的一些非常私人的信件。原版中内容没有进行任何删改，价格仍为20美元。我和查理将共同签名100本，随机放入年会期间待出售的5,000本中。

我的朋友菲尔·博伊特（Phil Beuth）创作出了《水上跛行》（*Limping on Water*），这是一部自传作品，是作者在大都会通信公司（Capital Cities Communications）的生活编年史，讲述了很多有关公司领导人汤姆·墨菲（Tom Murphy）和丹·博尔克（Dan Burke）的故事。不管是取得的成就，还是获得成功的方式，他们两位都是我和查理见过的最顶尖的管理者。你这辈子会成为什么样的人，很大程度上取决于你崇拜谁、模仿谁。有了汤姆·墨菲，你就不再需要第二个榜样了。

最后是杰里米·米勒（Jeremy Miller）创作的《巴菲特基本法则》（*Warren Buffett's Ground Rules*），这本书将在这次年会上首次亮相。米勒先生已经对巴菲特合伙人公司（BPL）的运营情况做了非常细致的调查和分析工作，并且详细解释了伯克希尔的企业文化是如何发源于BPL并逐步发展至今的。如果你对投资理论与实务很感兴趣，你会喜欢这本书的。

随同这份报告寄出的代理材料还有一份附件，它会告诉你如何获取年会和其他活动的入场券。在“伯克希尔周末”期间，飞机票有时会涨价。如果你远道而来，我建议你比较一下到堪萨斯城和到奥马哈的机票价格。两个城市相距仅2.5小时左右的车程，也许飞到堪萨斯城能为你省一大笔钱，特别是您打算在奥马哈租辆汽车的话。如果是夫妻两人同行，那就可以省下上千美元。把省下的钱花在我们身上吧。

内布拉斯加家具卖场（Nebraska Furniture Mart）位于72街，在道奇街和太平洋街之间，占地77英亩。我们今年还会举行“伯克希尔周末”打折特价促销活动。去年的年会周，卖场创下了44,239,439美元的营业额纪录。如果你和零售商讲起这个数字，他们都不会相信。（内布拉斯加家具卖场奥马哈门店——仅次于达拉斯新店的全美销售额最高的家具门店——平时一周的销售额大约为900万美元。）

要获得伯克希尔家具卖场的折扣优惠，你就必须在4月26日（周二）至5月2日（周一）期间购物，同时出示你的会议入场券。有几个大品牌平时绝不打折，但本着我们“股东周末”的精神，它们这次为各位破例，也会有特价活动。我们对他们的合作深表感谢。“伯克希尔周末”期间，家具卖场的营业时间是：周一到周五，上午10点至晚上9点；周六，上午10点至晚9点30分；周日，上午10点至晚上8点。周六下午5点30分至晚上8点，家具卖场还会举办野餐活动，欢迎所有人参加。

在波仙珠宝店（Borsheims），我们会再度举行两场只有股东才能参加的活动。第一场是4月29日（周五）晚上6点至9点的鸡尾招待会。第二场是大型联欢会，从5月1日（周日）上午9点持续到下午4点。周六，珠宝店会开放到下午6点。去年周五至周日时间段的营业时间内，珠宝店每15秒钟就会开出一张销售单。

整个周末，波仙珠宝店都将是人山人海。因此，为了方便大家，4月25日（周一）至5月7日（星期六），都是股东优惠价格的有效期。在此期间，股东凭会议入场券或账户报告证明自己的股东身份，就可以享受优惠。

周日，在波仙珠宝店外面的大厅，来自达拉斯的著名魔术师诺曼·贝克（Norman Beck）将让观众们神魂颠倒。周日下午，在楼上，两位世界顶尖的桥牌专家鲍勃·哈曼（Bob Hamman）和莎朗·奥斯伯格（Sharon Osberg）将与我们的股东们同场切磋。我会和他们玩两把，希望阿吉特和查理也能加入进来。

周日，我的朋友邢延华（Ariel Hsing）会来到大厅，在乒乓球台前接受各位的挑战。我认识邢延华的时候，她只有9岁，可我仍然一分未得。现在，她是普林斯顿大学的大三学生，曾经代表美国参加2012年奥运会。如果你不介意丢人，那就找她秀秀自己的球技吧。挑战活动下午1点开始。我和比尔·盖茨会率先登场，削削她的锐气。

5月1日（周日），戈瑞餐厅（Gorat's）只对伯克希尔股东开放，服务时间从下午1点到晚上10点。如需预订，请于4月1日（请勿提前）拨打餐厅的服务热线：402-551-3733。至于另一家我最喜欢的餐厅Piccolo's，我很遗憾地宣布它关门了。

会议期间，引导问答环节的，仍然是去年那三位财经记者，他们会从股东们发去的电子邮件中选出问题，向我和查理提问。这三位记者及其电子邮箱分别是：当代最优秀的商业记者卡罗尔·卢米斯（Carol Loomis），loomisbrk@gmail.com；美国全国广播公司财经频道的贝姬·奎克（Becky Quick），BerkshireQuestions@cnbc.com；《纽约时报》的安德鲁·罗斯·索尔金（Andrew Ross Sorkin），arsorkin@nytimes.com。

还有一组问题，将由追踪伯克希尔的三位分析师提出，他们会和三位记者交叉提问。今年，保险专家是来自野村证券的克里夫·加兰特（Cliff

Gallant）。有关非保险业务的问题，将由鲁卡葛投资公司（Ruane, Cunniff & Goldfarb）的乔纳森·伯兰特（Jonathan Brandt）和晨星公司（Morningstar）的格雷格·沃伦（Gregg Warren）提出。我们希望分析师和记者们提出的问题，可以帮助我们的股东们更好地了解自己的投资、掌握更多的投资知识。

我和查理完全不清楚，有哪些问题在等着我们。肯定会有一些刁钻的问题，我们也喜欢这样。连续发问是不允许的，因为我们希望让尽可能多的提问者向我们开炮。

总计起来，我们预计会回答至少54个问题，也就是说，每位分析师和记者可以问6个问题，其余18个问题由现场观众提出。（去年我们共回答了64个问题。）提问观众将在会议日上午8点15分通过11次抽签产生。安装于主会场和主会议室外厅的11支话筒，将交给抽签产生的11位提问观众。

说到让我们的股东获得投资知识，我得提醒各位：我和查理都认为，所有股东都应能同时获得伯克希尔发布的最新信息，而且在交易之前拥有充分的时间去消化、分析这些信息。正因为如此，我们才尽量在周五晚上或周六一早就发布财务数据，才会选在周六举行年会。我们没有沿用和大机构股东或分析师一对一谈话的行业惯例，而是将他们和其他股东同等对待。哪怕这位股东的财力有限，但他相信我们，将自己的大部分积蓄交给我们，对于我们来说，就没有谁会比他更重要。

****

出于非常充分的理由，我经常赞美我们公司的运营经理人所取得的成就。

他们是真正的全明星队员，管理企业就像是管理自己仅有的家庭资产一样。我还相信，我们的经理人对股东的重视，不亚于任何上市大公司。我们的大多数经理人已没必要为赚钱而工作。打出漂亮的业务“本垒打”，其带给他们的快乐绝不亚于薪水支票。

那些和我一同在公司办公室里工作的先生和女士们也同等重要。这个团队高效地处理来自证管会及其他监管机构的各种要求，填写长达30,400页（比前一年增加6,000页）的联邦所得税报表，监督下属公司填写3,530份州税报表，回应数不清的股东和媒体咨询，编制年度报告，筹备美国最大规模的股东年会，协调董事会的各项活动，查证这封股东信件的各项数据资料——还有很多很多。

他们乐于完成公司的这些工作任务，而且效率高得令人难以置信，让我可以享受轻松、愉快的生活。他们的付出还不仅限于伯克希尔公司的事务：例如，去年他们（从200多所递交申请的大学中）选出40所大学，让它们选派学生到奥马哈与我一起参加“问答日”活动。他们还处理我收到的各种请求，安排我的旅行，甚至在午餐时帮我买汉堡和薯条（当然得有浓浓的亨氏番茄酱）。没有哪个首席执行官有我过得舒服。我真的觉得，我每天工作就像是在跳踢踏舞一样快乐。事实上，我的工作每年都会增加乐趣。

2015年，伯克希尔的收入增加了160亿美元。不过，请您仔细看看首页上的两张照片（注：指英文版）。上面的照片来自去年的年报，是伯克希尔总部办公室全体人员的圣诞聚餐合影。下面的照片则是今年的圣诞合照，还是那25个人，所站的位置都没有变化。2015年，没有新人加入，也没有人离开。明年，你在照片上看到的很可能还是这25个人。

你能想象，还有哪家大公司（我们在全球有361,270名员工）的总部能享有这样的员工稳定性？在伯克希尔，我们招募了许多非常优秀的人才，他们都留下来和我们在一起。此外，我们只雇用我们真正需要的人。正因为如此，你才从来没有在年报中看到过“重组”费用。

4月30日，请各位莅临资本主义的摇篮——奥马哈，来见见我们这帮人，这帮最优秀的人。

2016年2月27日

沃伦·E.巴菲特　董事会主席

2017年致股东的信

伯克希尔公司业绩 VS.标普500指数

（年度增长幅度 %）

年度	伯克希尔每股账面价值	伯克希尔每股市值	标普500指数（含股息）
1965	23.8	49.5	10.0
1966	20.3	（3.4）	（11.7）
1967	11.0	13.3	30.9
1968	19.0	77.8	11.0
1969	16.2	19.4	（8.4）
1970	12.0	（4.6）	3.9
1971	16.4	80.5	14.6
1972	21.7	8.1	18.9
1973	4.7	（2.5）	（14.8）
1974	5.5	（48.7）	（26.4）
1975	21.9	2.5	37.2
1976	59.3	129.3	23.6
1977	31.9	46.8	（7.4）
1978	24.0	14.5	6.4
1979	35.7	102.5	18.2
1980	19.3	32.8	32.3
1981	31.4	31.8	（5.0）

续表一

（年度增长幅度 %）

年度	伯克希尔 每股账面价值	伯克希尔 每股市值	标普500指数 （含股息）
1982	40.0	38.4	21.4
1983	32.3	69.0	22.4
1984	13.6	（2.7）	6.1
1985	48.2	93.7	31.6
1986	26.1	14.2	18.6
1987	19.5	4.6	5.1
1988	20.1	59.3	16.6
1989	44.4	84.6	31.7
1990	7.4	（23.1）	（3.1）
1991	39.6	35.6	30.5
1992	20.3	29.8	7.6
1993	14.3	38.9	10.1
1994	13.9	25.0	1.3
1995	43.1	57.4	37.6
1996	31.8	6.2	23.0
1997	34.1	34.9	33.4
1998	48.3	52.2	28.6
1999	0.5	（19.9）	21.0
2000	6.5	26.6	（9.1）
2001	（6.2）	6.5	（11.9）
2002	10.0	（3.8）	（22.1）
2003	21.0	15.8	28.7
2004	10.5	4.3	10.9
2005	6.4	0.8	4.9
2006	18.4	24.1	15.8
2007	11.0	28.7	5.5

续表二

（年度增长幅度 %）

年度	伯克希尔每股账面价值	伯克希尔每股市值	标普500指数（含股息）
2008…………………………	（9.6）	（31.8）	（37.0）
2009…………………………	19.8	2.7	26.5
2010…………………………	13.0	21.4	15.1
2011…………………………	4.6	（4.7）	2.1
2012…………………………	14.4	16.8	16.0
2013…………………………	18.2	32.7	32.4
2014…………………………	8.3	27.0	13.7
2015…………………………	6.4	（12.5）	1.4
2016…………………………	10.7	23.4	12.0
年复合收益率（1965—2016）…	19.0%	20.8%	9.7%
总收益率（1964—2016）………	884,319%	1,972,595%	12,717%

注：表中所列为年度数据，但下述年度的数据较为特殊：1965年度和1966年度均截至9月30日；1967年度截至12月31日，长度为15个月。自1979年起，根据会计准则的要求，保险公司须按照市价计算其持有股票的价值，而此前的要求是采用成本与市价中的较低项。为与新的会计准则保持一致，此表中伯克希尔公司1978年度之前的业绩进行了重新计算。而其余年度的业绩均根据最初报告的数据进行计算。标普500指数是税前数据，而伯克希尔公司为税后数据。如果伯克希尔这样的公司只是持有标普500指数，并承担相应的税务责任，则其业绩在标普500指数回报率为正数的年度中将落后于指数，而在标普500指数回报率为负数的年度中将领先于指数。长年而言，税务成本会导致总体表现大大落后。

致伯克希尔·哈撒韦公司的股东们：

2016年度，伯克希尔公司的资产净值增加275亿美元，A股和B股每股账面价值增幅均达到10.7%。在过去52年的时间内（亦即现任管理团队接手公司以来），公司每股账面价值已从19美元增至172,108美元，年复合增长率达19%。*

在这52年时间的前半段时间内，伯克希尔公司的资产净值与（真正重要的）企业内在价值大致相等。这两个数字存在高度的相似性，是因为其间公司的资源配置大都为可销售证券，而这些证券的价值会根据其实时报价定期重估（这样可以降低证券出售的税务成本）。用华尔街的行话来说，那时候，我们公司的资产负债表很大程度上是“盯住市场、逐日结算”的（marked to market）。

到了20世纪90年代初期，我们的运营重心已转为对企业完全控股，这一转变使得公司的内在价值与资产负债表数据发生了实质性的脱钩。脱钩的发生，是因为我们控股的企业所适用的会计准则（即GAAP），同可销售证券价值估定所适用的会计准则存在重大差异。具体而言，我们所控股企业的会计方法，

* 本报告中所采用的每股数据均为伯克希尔A股，B股数据为A股的1/1500。

需要在“输家”的亏损坐实时对账面价值予以减记，而对“赢家”的账面价值则从未进行向上修订。

这两种结果，我们都曾有过经历：企业并购如同结婚，在说出“我愿意”之后，往往会产生意料之外的结果。我做出过一些糟糕的收购决定，为收购对象的商誉开出的价格太高，之后不得不进行商誉勾销，因而导致伯克希尔账面价值缩减。我们所收购的企业中，也有一些赢家（有几个赢家的规模非常庞大），却并没有因此而增记一分钱。

对于适用会计方法的这种不对称性，我们不予置评。不过，长期而言，这必然会导致伯克希尔公司的内在价值与账面价值之间的差距变得越来越大。今天，我们的赢家所产生的数额巨大且不断增长的收益未能列账，使得伯克希尔股票的内在价值远远超过其账面价值。这种价值溢额，在我们的财产保险和意外保险业务中非常巨大，许多其他经营领域也十分明显。

长期而言，企业的股票价格会趋近于内在价值。伯克希尔公司就是如此。也正因为如此，公司52年间的市值收益率才会大大超过其账面价值的收益率（见本报告首页）。

我们期望达成的目标

我和我的搭档、伯克希尔公司副董事长查理·芒格都希望，伯克希尔的标准化每股盈利能力能够逐年增长。当然，实际的盈利有时会因为美国经济的周期性疲软而下滑。此外，即使在大多数美国企业都表现良好的时候，伯克希尔公司也可能因为保险业务的重大灾难或其他特定行业的某些变故而出现非经常性的盈利缩减。

不过，不管道路是崎岖还是平坦，我们的职责都是创造长期的、可观的盈利增长。毕竟，作为你们资产的管理者，伯克希尔董事会已经做出了留存盈余的决定。事实上，2015年和2016年，以美元计算的盈余保留额度，伯克希尔公司都在美国企业中名列榜首，每年用于再投资的资金都超过第二名数十亿美元。这些再投资必须获得相应的回报。

某些年度，公司根本盈利能力的增长可能会很小；偶尔，公司的收银机也会转个不停。我和查理并没有什么创造更多盈余的魔法计划，我们所做的，就是大胆构想，同时做好心理上和财务上的准备，一旦机会出现就果断采取行动。每隔十年左右，美国经济的天空就会被乌云遮蔽，随后就是一场短暂的“黄金雨”。当这场“黄金雨”倾泻而下的时候，我们必须拿起盆子冲出门去，不能拿个汤匙。这就是我们要做的事情。

我在前文中提到，我们逐渐从一家主要靠投资行为获利的公司转变为靠控股企业获得价值成长的公司。转型初期，我们采取了“婴儿学步”的方针——进行小规模的、对伯克希尔利润的影响与可销售证券收益相形见绌的收购。尽管如此谨慎，我还是犯了一个非常糟糕的错误：1993年以4.34亿美元收购德克斯特鞋业公司（Dexter Shoe）。收购完成后，Dexter的价值很快就“归零”了。更糟糕的事情是：我在收购中采取了换股的方式，将25,203股伯克希尔公司的股票交给了卖家，而这些股票在2016年底的价值已经超过了60亿美元。

此次“翻船”之后，又进行了三次重大的收购（两次是成功的收购，一次是失败的收购），让我们坚定地走上了目前的这条道路。1996年初，我们收购了GEICO此前尚未被我们控制的另一半股份，这笔现金交易，让GEICO从我们投资组合当中的一只成份股变成了一家我们完全拥有的旗下子公司。随着其近乎无限的潜力得以发挥，GEICO很快就成了公司保险业务的核心，围绕着它，我们建立起了目前全球最优秀的财产保险和意外保险业务。

遗憾的是，完成GEICO收购之后，1998年年底，我又愚蠢地使用伯克希尔公司的股票（大量的股票）收购了通用再保险公司（General Reinsurance）。在早期经历一些问题之后，如今，通用再保险公司已经成了我们非常珍视的一家优秀保险公司。然而，当初发行272,200股伯克希尔股票用于收购通用再保险公司，这依然是我犯下的一个可怕的错误。因为这个行为，我们公司已发行的股票膨胀了21.8%之多。因为我的错误，伯克希尔公司的股东们所付出的损失，远超其收益（尽管《圣经》赞扬那种多付出、少索取的行为，但是在企业收购上，这样的做法肯定是不会得到庇佑的）。

2000年初，我买进了中美能源公司（MidAmerican Energy）76%的股份（后来增至90%），弥补了自己曾犯过的愚蠢错误。这家由优秀管理团队执掌的公用事业企业，为我们提供了许多既能盈利，又有益于社会的重大投资机会。这笔以现金方式完成的中美能源公司收购交易（我学会了教训），奠定了我们目前的模式：（1）继续发展我们的保险业务，（2）积极收购那些规模庞大、多元化的非保险企业，（3）主要依靠自身产生的现金来进行交易。（现在，我宁可接受结肠镜检查，也不愿增发伯克希尔公司的新股。）

尽管我们的债券和股票投资组合的重要性已经降低，但1998年至今依然在持续增长，并为我们带来了可观的资本利得、利息和股息。这些投资组合带来的收益，为我们进行企业收购提供了主要的资金支持。虽然有些非常规，但伯克希尔这种双管齐下的资本配置策略，让我们获得了实实在在的优势。

以下是我们1999年经营模式真正开始转向以来的财务数据。在这十八年期间，伯克希尔增发的新股数量只增加了8.3%，其中大部分增发的股票都用于收购伯灵顿北方圣塔菲铁路公司（BNSF）。我很高兴地告诉大家，这次增发新股是非常值得的。

税后收益（单位：10亿美元）

年度	运营所得（1）	资本利得（2）	年度	运营所得（1）	资本利得（2）
1999	0.67	0.89	2008	9.64	（4.65）
2000	0.94	2.39	2009	7.57	0.49
2001	（0.13）	0.92	2010	11.09	1.87
2002	3.72	0.57	2011	10.78	（0.52）
2003	5.42	2.73	2012	12.60	2.23
2004	5.05	2.26	2013	15.14	4.34
2005	5.00	3.53	2014	16.55	3.32
2006	9.31	1.71	2015	17.36	6.73
2007	9.63	3.58	2016	17.57	6.50

注：（1）运营所得包括投资获得的利息和股息，但不包括资本利得或亏损。（2）本表中的资本利得数据，大部分只计入了实现的利得或亏损。不过，在GAAP要求的时候，未兑现的利得和亏损也被计入。

我们预计，投资利得还将继续保持可观的额度（尽管在特定时间内，其表现完全是随机的），这将为我们收购企业提供重要的资金支持。与此同时，伯克希尔下属企业拥有一支优秀的首席执行官团队，他们也会专注于提升各自管理企业的盈利，有时会通过补强型收购来帮助企业实现成长。我们尽力避免发行新的伯克希尔股票，因此，所有新增的盈利都会转化为每股利润的增加。

****

我们这个管理团队执掌伯克希尔以来，一直致力于提升公司的标准化盈余，这种努力也受助于美国经济的活力。我们国家所取得的成就，可以用一个词来概括："奇迹。"240年前，美国原地起步（这段历史的长度还不及我年龄的三倍），自此以来，美国人民将创造力、市场机制、富有聪明才智和雄心壮志的移民潮、法治等融为一体，创造出了我们的先辈们做梦都无法想象的丰饶。

不必是经济学家，你也能够理解我们的系统运转得多么出色。只需看看你的身边，看看那7,500万套房主自有的住宅，那广袤的农田，那2.6亿辆汽车，那些生产能力超级强大的工厂，那些顶级的医疗中心，那些人才济济的大学，等等——这些都是美国人民基于1776年的贫瘠的土地、原始的建筑以及微薄的产出所创造出来的"净收益"。从白手起家，美国现在已经积聚起了总计90万亿美元的财富。

没错，美国人为购买属于自己的房屋、汽车和其他资产，往往都需要大量举债。不过，即使拥有者违约，他的资产也不会消失或失去使用价值。更准确地说，这些资产的所有权通常都会转归某家美国贷款机构，然后再转卖给另一个美国买家。我们国家的财富完好无损。正如格特鲁德·斯泰因（Gertrude Stein）所言："金钱永远不会消失，只会从一个口袋转到另一个口袋。"

创造美国财富的最大功臣，正是我们的市场机制，它就像是一位经济交通警察，出色地指挥着资本、智力和劳动力的流动。在回报的配置方面，市场机制也是最主要的决定因素。此外，政府通过联邦、州和地方税收进行引导，也决定了很大一部分财富的分配。

例如，美国规定，处于工作年龄的公民应当为老人和孩子提供帮助。人们往往认为，这种帮助（有时被神圣地称为“应有权益”）是适用于老人的。但是，请不要忘记，每年还有400万美国婴儿诞生，他们也享有获得公共教育的应有权益。这种社会义务主要靠地方提供资金支撑，需要在每个孩子身上投入大约15万美元。每年的支出总额超过6,000亿美元，约占国内生产总值的3.5%。

不管我们的财富如何分配，你所看到的身边那些惊人的财富几乎都是属于美国人的。当然，外国人也拥有或有权拥有我们财富的一小部分。不过，他们拥有的这部分美国财富，对我们的国家资产负债表来说是无足轻重的：美国公民在海外拥有的资产，其价值与这部分财富大致相当。

我们要强调的是，美国先民同辛苦劳作数个世纪的前人相比，既不会更聪明，也谈不上更勤奋。可是，这些富有冒险精神的先行者们建造了一个能够释放人的潜力的机制，他们的后继者的成功就是建立在这个机制之上的。

这一经济创造产物将为我们的子孙后代带来不断累积的财富，直至遥远的未来。诚然，财富的积累过程有时会出现短暂性的中断，但不会终止。我要重申我过去说过的、今后还会说的一句话：生于今日美国的孩子们是人类历史上最幸运的一批人。

****

美国取得的经济成就，为股东们带来了惊人的利润。20世纪期间，道琼斯工业平均指数从66点升至11,497点，受助于稳健增长的股息，总资本收益率高达17,320%。这一趋势仍在继续：截至2016年年末，该指数进一步上涨72%，升至19,763点。

美国的企业（以及相应的一揽子股票）未来必然会变得更有价值。创新、生产力提高、进取精神和充足的资本都会确保这一点。唱衰的人无时不在，他们靠兜售悲观的预测谋取巨大的利益。但是，如果他们按照自己兜售的谬论去行事，那只能祈求上苍的保佑。

当然，许多企业会掉队，有的还会倒闭。这种大浪淘沙本来就是市场活力带来的结果。此外，未来还会不时地发生市场的大规模下滑（甚至是市场恐慌），几乎所有的股票都会受到冲击。这样的灾难何时会发生，谁也无法准确预言——我做不到，查理做不到，经济学家做不到，媒体也做不到。纽约联邦储备银行的麦格·康奈尔（Meg McConnell）对恐慌的实质有过贴切的描述："我们花费大量的时间去寻找系统性风险，可事实上，往往是它先找上我们。"

在这样的恐怖时期，你必须永远记住两点：第一，普遍性的恐慌情绪，其实是投资者的朋友，因为它为你奉上了廉价买进的机会；第二，个人的恐惧是你的敌人，而且它也是毫无根据的。投资者只要避开过高的、不必要的成本，长期坚持投资一批财务稳健的美国大型企业，几乎肯定都会获得不错的收益。

至于伯克希尔公司，由于我们巨大的体量，决定了公司难以获得骄人的业绩：资产规模扩大，预期回报就会降低。不过，凭借公司旗下的这批优质企业、固若金汤的财务实力以及所有者导向的企业文化，伯克希尔依然可以获得相当不错的业绩。我们是不会满足于更低的业绩标准的。

股票回购

在投资界，股票回购往往会成为激烈争论的话题。不过，我建议争论的参与者不妨做个深呼吸：评估股票回购的必要性，并没有那么复杂。

从打算退出的股东角度看，股票回购永远是好事情。尽管企业的回购行为对股价的每日行情影响甚微，但对于卖家而言，市场上多一个买家总归是好事。

不过，对于继续持有的股东而言，只有在股票购买价格低于内在价值的情况下，回购才是有利的。遵守这一回购原则，现有的那些股票的内在价值当即就会得到提升。打一个简单的比方：一家价值3,000美元的企业有三个股权均等的合伙人， 其中一个合伙人以900美元的价格卖掉自己的股权，这就意味着留下的两个合伙人各自立即获得了50美元的收益。但是，如果退出的合伙人拿走的是1,100美元，那留下的两个合伙人就各自损失50美元。同样的数学计算也适用于企业和股东。因此，对继续持有的股东而言，回购行为到底是增值还是贬值，这个问题完全要视回购价格而定。

让人困惑的是，许多企业的回购声明几乎从不提及停止回购的价格水平线。如果企业管理层要收购另一家企业，情况肯定就不会这样。事实上，他们在决定收购或是放弃的时候，肯定会考虑价格因素。

然而，首席执行官或董事会在回购一小部分自己公司的股票时，他们似乎常常会忽略价格。如果他们管理的是一家只有几个股东的私营公司，他们在考虑买断其中一人的股权时，还会这样做吗？当然不会。

有一点需要记住：即使企业的股价被低估，有两种情况不应进行回购。第一种，企业需要以现有的资金去维持或扩张自己的运营，同时又难以承受债务的增加。在此情况下，必须优先考虑企业内部的资金需求。当然，这样做有一个前提：完成所需的开支后，企业会有一个不错的前景。

第二种情况则不经常发生：企业收购（或其他投资机会）所产生的价值回报，要远远超过回购被低估的自身股票。很久之前，伯克希尔公司就经常需要在这两者之间进行选择。当然，以我们现有的规模，这个问题已不大可能出现。

我的建议是：讨论回购事宜之前，企业的首席执行官和董事会成员就应该携手并肩，发出一致的声音："在哪个价位上回购是聪明的，在哪个价位上是愚蠢的。"

****

简要说说伯克希尔公司自己的回购政策：我已得到授权，可以在不超过伯克希尔账面价值120%的价位大量回购公司股票，因为我们董事会认定，以这样的价位回购公司股票，肯定会给继续持有的股东们带来当即的、实质性的好处。根据我们的估算，等于账面价值120%的股价相对于内在价值而言是存有巨大折扣的。这样的价差区间是合适的，因为内在价值难以做到精确计算。

我得到授权，并不意味着我们会在股价跌至120%的限价时就出手"托举"。达到限价后，我们不但要渴望在可以创造价值的价位上进行有意义的回购，还要实现避免过度影响市场行情的目标。

迄今为止的实践证明，我们要回购股票是非常困难的。这或许是因为，我们已经亮明了自己的回购政策，因而表明了我们的观点：伯克希尔的内在价值大大高于120%的账面价值。如果是这个原因，那还不错。我和查理都愿意看到伯克希尔股票的卖价能够保持在内在价值附近的相对狭窄的波动区间内，我们既不希望看到这个价格高到离谱的地步（让新股东对自己购买的股票感到失望，这并不是什么好事），也不希望它过低。此外，以折扣价格收购“合伙人”的股份，也不是我们特别喜欢的赚钱方法。而且，市场环境完全可能创造条件，让回购既有利于退出的股东，也有利于继续持有的股东。在这种情况下，我们随时会采取行动加以回购。

这部分要说的最后一点是：伴随回购争论的不断升温，有些人几乎要把回购称为“非美国”行为，将其定性为挪用生产急需资金的“企业犯罪”。其实根本就不是那样：今天，美国企业和私人投资者拥有大量资金，都在寻求合理的配置。我不知道，近年来有哪个吸引人的项目是因为资本匮乏而夭折的。（如果你知道，请给我们打电话。）

保 险

下面我们来看看伯克希尔公司的分类业务情况。我们先从最重要的业务板块——保险业务——开始。1967年，我们以860万美元的价格收购了国民赔偿保险公司（National Indemnity）及其姊妹公司国民火灾与海上保险公司（National Fire & Marine），自此，保险业务中的财产和意外保险部门（P/C）一直都是驱动公司成长的引擎。今天，根据净值计算，国民赔偿保险公司已经成为全球最大的财产和意外保险公司。

财产和意外保险业务之所以对我们有吸引力，其中的一个原因是它所具有的金融属性：财产和意外保险公司提前收取保费，事后再支付赔偿金。在极端情况下，如接触石棉产品引起的保险赔偿，赔付周期会长达数十年之久。这种“现在收费、未来赔付”的模式，可以让财产和意外保险公司长期持有大量的资金——我们称为“浮存”。尽管这些资金最终都会支付给他人，但在持有期间，保险公司可以将浮存用于投资，获取收益。保费和赔偿金是变化不定的，不过，保险公司所保有的浮存总额相对于保费总额的比例通常都会保持相对稳定。因此，随着我们的保险业务不断增长，我们的浮存也会不断增加。浮存的具体增长情况，如下图所示：

年度	浮存 (单位：百万美元)
1970	39
1980	237
1990	1,632
2000	27,871
2010	65,832
2016	91,577

我们最近获得了一份巨额保单，使我们的浮存增加至1,000多亿美元。除了这种一次性的巨额增量，GEICO和我们其他几家专业保险公司的浮存总量，也肯定会以不错的速度持续增长。不过，国民赔偿保险公司的再保险部门正在经历大量合同的自然期满，其浮存肯定会下滑。

我们迟早会经历浮存下滑。若真是如此，下滑也会是缓慢渐进的，任何一个年度的下滑幅度最多不会超过3%。我们保险合同的性质，决定了我们永远不会因为当期或者即期的赔偿金需求而对现金资源造成重大的影响。这种结构是精心设计的，也是造就我们的保险公司所具有的无与伦比的金融实力的关键要素。这种实力永远不会受到威胁。

如果我们的保费收入超过我们的费用支出与最终理赔损失的总和，那在财务报表上就会记为承保利润，而这些利润又会使得浮存带来的投资收益进一步增加。赚到了这笔承保利润，我们就可以使用零成本的资金——更美妙的是，持有这些资金，还会带来收益。

遗憾的是，所有的保险公司都希望达到这个令人开心的目标，由此导致了激烈的竞争。竞争之激烈，有些时候甚至会导致财产和意外保险行业整体处于重大承保亏损的地步。实际上，这些亏损是保险行业为获取浮存而付出的成本。由于激烈的竞争，虽然各保险公司都可以获得浮存带来的收益，但与美国其他行业相比，保险行业的有形净资产回报率几乎肯定会持续低于正常水准。

这种结果，会因为当前全球范围内存在的超低利率而变得更加确定无疑。几乎所有财产和意外保险公司的投资组合，都高度集中于债券（伯克希尔旗下的保险公司不是如此）。由于高收益的传统投资到期，取而代之的是收益微薄的债券，浮存的收益自然也持续下滑。基于这一点和其他原因，我非常确信，未来十年，保险行业（尤其是那些专业性的再保险公司）的业绩不会达到过去十年的业绩水平。

然而，我却十分看好我们公司的前景。伯克希尔公司拥有无可匹敌的财务实力，因此，我们的投资灵活性，远远超过那些普通的财产和意外保险公司。我们拥有众多的投资选项，这一直是我们的一大优势，有时候还会为我们带来重大的机会。总之，在其他公司捉襟见肘的时候，我们的投资选项却在增加。

此外，我们的财产和意外保险公司还拥有出色的承保利润记录。伯克希尔至今已连续14年实现承保利润，其间我们的税前利得累计高达280亿美元。取得这样的业绩绝非偶然：我们的保险经理人每天都在专注于严格的风险评估，他们知道：浮存很有价值，但如果承保业绩很糟糕，浮存带来的好处就会得不偿失。这一点，所有其他的保险公司都只是嘴上说说，而在伯克希尔，它已经成为一种信仰，圣经《旧约》般的信仰。

那么，我们的浮存是怎样影响内在价值的呢？计算伯克希尔的账面价值时，我们的全部浮存都会作为负债扣减，就好像我们明天就得全部赔付出去，而且无法重新补充一样。然而，将浮存视作典型债务却是个巨大的错误。它应该被视为一笔处于循环之中的资金。每天，我们都要动用资金，用于过去合同的赔付和相关的开支（2016年，总计有600多万笔索赔，赔付总金额高达270亿美元），这就会造成浮存减少。但同样可以确定的是，我们每天也会签下新的保单（尽管很快会产生索赔），从而让浮存得到增加。

如果我们可以确保浮存既是零成本的，又处于长期不断的周转中（对此，我坚信不疑），那么，这笔负债的实际价值就会大大低于会计上的负债。欠下1美元实际上永远不会离开口袋的债务（因为新的生意几乎肯定可以提供替代资金），同欠下1美元明天得还出去而且无法获得替代资金的债务，两者是截然不同的。然而，根据GAAP，这两种债务是被同等对待的。

这笔被夸大的债务，可以通过我们收购旗下保险公司所产生的并计入我们账面价值的155亿美元的“商誉”资产加以部分抵消。很大程度上，这笔商誉资产代表着我们为购买旗下保险公司的浮存产生能力而支付的价格。然而，商誉成本与其真实价值是没有关系的。例如，一家保险公司长期遭受巨额的承保亏损，那么，不管最初的成本如何，其账面上的商誉资产都应被视为毫无价值。

好在伯克希尔的情况不是如此。我和查理都认为，我们保险公司商誉的真正经济价值（我们为收购某家保险公司乐于为同等品质的浮存所支付的价格），要远远超过其历史的账面价值。事实上，早在2000年，我们保险业务的155亿美元商誉资产就已全额入账，而当年的浮存只有280亿美元。现在，我们的浮存已经增加至640亿美元，但这个进展是无法反映在账面价值上的。我们认为伯克希尔的内在价值远远超过其账面价值，其中的一个原因（而且是非常重要的原因），就是这些未能入账的资产。

****

伯克希尔极富吸引力的保险经济学能够确立，完全是因为我们拥有非常优秀的经理人，他们严格地运营着大多数情况下都难以复制的业务模式。下面我将为大家介绍公司旗下主要的保险企业。

首先是浮存规模最大的伯克希尔·哈撒韦再保险集团（Berkshire Hathaway Reinsurance Group），由阿吉特·贾因（Ajit Jain）负责管理。别人不愿意或没有资本承保的风险，阿吉特会承保。他的运营管理融合了能力、速度、果断以及（最重要的）保险行业中独一无二的头脑。不过，他绝对不会将伯克希尔置于超出公司资源能力的风险之下。

事实上，与大多数大型保险公司相比，伯克希尔在风险规避方面要保守得多。假设在某个年度，即使整个保险行业因某个重大灾难而遭受2,500亿美元的损失（大约相当于历史上曾经遭受的最大损失的三倍），伯克希尔公司仍然可能实现丰厚的盈利。我们拥有许多非保险业务的盈利来源，因而可以确保这一点。此外，保险市场陷入混乱的时候，我们拥有的充足资金，就可以签下更多的保单。与此同时，其他的大保险公司和再保险公司即使不会面临破产，也会深陷严重赤字。

1986年的一个周六，阿吉特走进伯克希尔的办公室时，他没有任何保险业务的经验。可是，当时主管保险业务的麦克·戈德伯格（Mike Goldberg）还是将我们规模很小、处境艰难的再保险业务交给了他。麦克成了圣人：阿吉特已经为伯克希尔的股东们创造了数百亿美元的价值。如果这世上还有一个阿吉特，你可以拿我巴菲特去换，千万不要犹豫，赶紧拿我去换！

****

我们另一家强大的保险集团是通用再保险公司（General Reinsurance ）。直到最近，它一直都由塔德·蒙特罗斯（Tad Montross）执掌。2016年，塔德在为通用再保险公司服务39年后退休。无论从哪个方面看，塔德都堪称出类拔萃，我们对他的感激无以言表。通用再保险公司的现任首席执行官，是与阿吉特共事长达16年的卡拉·拉伊奎尔（Kara Raiguel）。

从根本上讲，健康的保险业运营需要坚持四大原则：（1）清楚可能导致保单发生亏损的所有风险敞口；（2）保守评估造成实际损失的风险敞口的可能性以及可能的损失额度；（3）确立一个刨除可能的损失成本和运营支出后仍然能够盈利的保费标准；（4）一旦这个保费标准无法达到，就要选择放弃。

许多保险公司都能够通过前三条的考验，但会在第四点上遭遇失败。他们实在难以拒绝自己的竞争对手们都迫切想要签下的生意。“别人在这么干，我们也这么干”，这句老话在任何行业都可能招致麻烦，但是在保险行业的麻烦会更大。塔德绝对不会因为这个荒谬的借口而轻率地承保，卡拉也不会。

****

最后，我们还有GEICO，66年前，这家公司让我热血沸腾（现在我依然为之激情澎湃）。它目前由托尼·奈斯利（Tony Nicely）掌管，他18岁就加入这家公司，至2016年，已经为之效力了55年。

1993年，托尼成为GEICO的首席执行官，从那之后，公司的业务就一直飞速增长。托尼是业界最优秀的经理人，他将聪明才智、奉献精神和稳健可靠这三大品质融于自己的管理之中。（稳健可靠对于持续获得成功是至关重要的。正如查理所说，拥有一位智商为160的经理人是件大好事——除非他认为自己的智商有180。）和阿吉特一样，托尼也为伯克希尔创造了数百亿美元的价值。

1951年第一次拜访GEICO时，该公司相对于业界巨头的巨大成本优势，让我感到震惊。我很清楚，GEICO肯定会获得成功，因为他们应该成功。该公司当时的年销售额仅为800万美元。2016年，他们三个小时就可以做到这样的业务额。

汽车保险是大多数家庭的一笔主要开支。对于他们而言，节省开支是非常重要的，而只有低成本运营的保险公司才能帮他们省钱。事实上，读到这封信的人，至少40%的人可以投保盖克公司让自己省钱。所以先读到这里吧。赶快！立刻登录geico.com网站，或者拨打热线800-847-7536。

GEICO的低成本优势为自己筑起了一道永久存在的、竞争对手们难以逾越的城壕。因此，GEICO每年都在开疆拓土、提升市场份额，到2016年年末，其市场份额已经约占整个行业的12%。而在1995年，伯克希尔正式控股时，其市场份额仅为2.5%。与此同时，公司的员工数量也从8,575人增加至36,085人。

2016年下半年，GEICO的业务获得了巨大的增长。其间，车险行业损失成本的增长速度出乎意料，使得一些竞争对手失去了接受新客户的热情。然而，面对被挤压的利润空间，GEICO做出的反应却是努力加快拓展新的业务。我们喜欢在太阳落山时割晒干草，因为我们知道，太阳肯定还会升起。

就在我给各位寄出这封信的时候，GEICO的发展依然势如破竹。保险价格走高，人们就会货比三家。客户货比三家，GEICO就会成为赢家。

你给GEICO打电话了吗？（800-847-7536或登录geico.com网站）

****

除了上面这三大保险公司，我们还拥有一批规模较小的保险公司，主要经营的是商业保险。这些小公司合在一起，就成了一个庞大的、持续成长的、价值可观的业务部门，持续不断地产生承保利润，远远超过竞争对手。过去十四年间，这批小公司获得的承销利润累计达到47亿美元（约占其保费收入的

13%），而浮存也从9.43亿美元增长至116亿美元。

成立还不到四年的伯克希尔·哈撒韦特种保险公司（Berkshire Hathaway Specialty Insurance，BHSI）也是这批小保险公司的一员。我们做出的第一个决定，就是让彼得·伊斯特伍德（Peter Eastwood）来负责这家新公司，这一任命事后证明是一记漂亮的“本垒打”：我们原本预计，彼得需要时间招揽人才、建立覆盖全球的基础架构，因而最初几年可能会出现巨大的亏损。然而，还在草创期间，他和他的团队就实现了非常可观的承保利润。2016年，BHSI的销售额增长了40%，达到13亿美元。我很清楚，该公司肯定会成为全球领先的财产和意外保险公司。

以下是各保险公司税前承保利润和浮存的大致情况：

（单位：百万美元）

保险公司	承保利润 2016年	承保利润 2015年	年末浮存 2016年	年末浮存 2015年
伯克希尔再保险	822	421	45,081	44,108
通用再保险	190	132	17,699	18,560
盖克保险	462	460	17,148	15,148
其他保险公司	657	824	11,649	9,906
	2,131	1,837	91,577	87,722

伯克希尔拥有杰出的经理人群体、一流的财务实力、高大“城壕”护卫着的各种业务模式，足以确定其在保险业界的独特地位。这种诸多优势的组合，就是属于伯克希尔股东们的一笔巨额资产，随时间的推移，会变得越来越有价值。

政府监管下的资本密集型企业

我们的伯灵顿北方圣塔菲铁路公司（BNSF）和我们控股90%的公用事业企业伯克希尔·哈撒韦能源公司（Berkshire Hathaway Energy，BHE），这两家公司共同具有的一些重要特点，使其有别于伯克希尔旗下的其他公司。因此，在这封信中，我把它们单独列为一个部分，并且从我们基于GAAP的资产负债表和收益报表中将两者合计的财务数据单列出来。去年，这两家重要公司为伯克希尔贡献了33%的税前运营盈利。

这两家公司的一个主要特点是：巨额投资都是投向周期很长且处于政府监管下的资产，其中的部分投资是通过不享有伯克希尔担保的大量长期债券筹措的。事实上，两家公司并不需要伯克希尔的信用背书，因为它们都有很好的盈利能力，即使经济环境很糟糕，其盈利水平也远超所需偿还的利息。比如去年，铁路行业的表现令人失望，但BNSF的利息偿付率仍然超过6：1。［我们对利息偿付率的定义是：利息与税前利润之和对利息之比，而不是广泛采用的税息折旧及摊销前利润（EBITDA）对利息之比，因为我们认为后者存在明显瑕疵。］

同时，BHE还具有两大因素，可以确保其在任何环境下都拥有偿债能力。第一是所有公用事业企业的共性——抗衰退的盈利能力，因为这类公司提供的都是基本的、需求高度稳定的服务。第二个因素只有除BHE之外极少数的公用事业企业才能享有——持续拓展的、多元化的盈利来源，这就为BHE筑起了保护屏障，不会因为某个监管主体的变化而受到严重损害。利润来源多元化，再加上背靠强大的母公司的天然优势，这就使得BHE及旗下公用事业子公司能够极大地降低债务成本。这一点让我们和我们的客户都能得到好处。

去年，BHE和BNSF在厂房和设备上的投资额合计达到89亿美元，这是对美国基础设施领域里的一笔巨大投入。只要这些投资能够获得合理的回报，我们就愿意继续投入——在这一点上，我们对未来的监管层寄予高度的信任。

我们的信心是有充足理由的，一方面是我们过去的经验，另一方面是我们认识到，这个社会永远需要巨大的交通和能源投资。政府以合适的方式善待资本提供者，以确保资金持续流向那些重要的基础设施项目，这样做是符合政府自身利益的。同时，引导我们的企业采取监管机构及其代表的民众都认可的方式运营，这也符合我们自身的利益。

要让顾客开心，最有力的手段就是低价格。在艾奥瓦州，伯克希尔·哈撒韦能源公司（BHE）的平均零售电价为每度7.1美分，而该州另一家大型电力企业联合电力公司（Alliant）的平均零售电价是9.9美分。以下是相邻各州的可比电价：内布拉斯加州，9.0美分；密苏里州，9.5美分；伊利诺伊州，9.2美分；明尼苏达州，10.0美分。全国的平均电价是10.3美分。我们已经向艾奥瓦州的居民承诺，至少在2029年之前，我们不会提高基础电价。对于那些捉襟见肘的消费者而言，这种最低价格无疑是送给他们真金白银。

至于BNSF，则很难将其与各大铁路公司进行价格比较，因为这些公司运输的货物种类和平均运输里程差异很大。不过，我们可以提供一个非常粗略的衡量标准：去年，我们每吨每英里的运价是3美分，而美国其他四大铁路公司向客户收取的运费为4美分到5美分不等。

BHE和BNSF一直都是环保技术的引领者。在风力发电领域，美国没有任何一个州能与艾奥瓦州相提并论。去年，我们在该州的风力发电量占该州零售电量的55%。新的风电项目还在建设当中，预计到2020年，这一比例将提升至89%。

低廉的电价还会衍生出诸多的好处。因为低廉的电价（数据中心耗电量巨大），也因为大多数科技企业的首席执行官都非常乐于使用可再生能源，艾奥瓦州得以吸引大量的高科技企业入驻。在风能方面，艾奥瓦州堪称美国的“沙特阿拉伯”。

同美国其他一级铁路运输企业一样，BNSF使用1加仑柴油，就可以将1吨货物运输近500英里。因为这种经济性，铁路运输的燃料能效为卡车的4倍！此外，铁路还可以极大地缓解高速公路的拥堵状况，进而减轻由纳税人承担的拥堵治理费用。

总之，BHE和BNSF拥有的资产，不但对伯克希尔股东来说价值重大，而且对我们国家而言也意义重大。以下是这两家公司的主要财务数据：

BNSF	收益（单位：百万美元）		
	2016年	2015年	2014年
营业收入	19,829	21,967	23,239
运营支出	13,144	14,264	16,237
息税前利润	6,685	7,703	7,002
利息支出（净值）	992	928	1,010
所得税	2,124	2,527	2,300
净利润	3,569	4,248	3,869

BHE（控股89.9%）	收益（单位：百万美元）		
	2016年	2015年	2014年
英国公用事业	367	460	527
艾奥瓦公用事业	392	314	298
内华达公用事业	559	586	549
太平洋集团（俄勒冈及犹他州）	1,105	1,026	1,010
燃气管道（北方天然气及科恩河）	413	401	379
加拿大输电公用事业	147	170	16
可再生项目	157	175	194
地产服务	225	191	139
其他（净值）	73	27	26
息税前利润	3,438	3,350	3,138
利息支出	465	499	427
所得税	431	481	616
净利润	2,542	2,370	2,095
伯克希尔可得利润	2,287	2,132	1,882

伯克希尔地产服务公司出现在上述表格中，可能有些不适当。但是，它是我们1999年收购中美能源公司（即现在的BHE）时获得的——能得到这家公司，是我们的幸运。

伯克希尔地产服务公司拥有38家地产经纪公司，地产经纪人超过29,000人，业务遍及28个州。去年，它收购了4家地产中介公司，包括纽约州韦斯切斯特郡地产行业的领先者劳伦斯公司（Houlihan Lawrence）。这笔收购交易在2016年底得以完成。

按照地产行业的说法，代表一位买家或一位卖家为1“方”，同时代表买卖双方则为2“方”。去年，我们旗下的地产经纪人总计参与交易244,000方，总交易额达到860亿美元。

此外，地产服务公司还在美国发展了有很多特许经销商，授权他们使用我们的品牌。直营和加盟这两种地产业务模式，我们都很喜欢。我们预计，未来十年内，还将收购更多的地产经纪公司，发放更多的代理授权。

制造业、服务业及零售业

我们的制造业、服务业及零售业板块，生产销售的产品种类繁多，小到棒棒糖，大到喷气式飞机。我们来看看这个业务板块的资产负债表和盈利报告摘要。

资产负债表2016年12月31日（单位：百万美元）

资产		负债和权益	
现金及等价物	8,073	应付票据	2,054
应收账款及票据	11,183	其他流动负债	12,464
存货	15,727	流动负债总额	14,518
其他流动资产	1,039		
流动资产总额	36,022		
		递延税款	12,044
商誉及其他无形资产	71,473	期限债务及其他债务	10,943
固定资产	18,915	非控制性权益	579
其他资产	3,183	伯克希尔资产净值	91,509
	129,593		129,593

盈利报告（单位：百万美元）

	2016年	2015年	2014年
营业收入	20,059	107,825	97,689
运营支出	111,383	100,607	90,788
利息支出	214	103	109
税前利润	8,462	7,115	6,792
所得税及非控制性权益	2,831	2,432	2,324
净利润	5,631	4,683	4,468

上述财务报告摘要包括了44家直接向公司总部报告财务数据的子公司。不过，其中有些公司旗下还拥有许多独立运营的业务部门。比如，马蒙公司（Marmon）就有175个独立运营的业务部门，服务着差异巨大的市场，伯克希尔·哈撒韦汽车销售公司（Berkshire Hathaway Automotive）也拥有83家汽车经销商，业务覆盖美国9个州。

这些公司集合在一起，确实像杂牌军。按照非杠杆有形净资产收益来看，有些公司的回报率高得惊人，有几家公司甚至超过100%。大多数公司的收益都很稳健，回报率在12%到20%之间。

不过，也有几家公司的回报率非常糟糕（这归咎于我在资本配置工作中所犯的严重失误）。大多数失误都是因为我当初对这些公司及其所属行业的经济特性做出了错误的判断，现在，我们正在为我的误判付出代价。还有几家公司，则是因为我对时任经理人或我任命的后任经理人的忠诚度和能力判断错误。今后我还会犯错，你们不能指望我不犯错。幸运的是，我的身边还有查理，对我那些糟糕透顶的想法，他会毫不犹豫地说“不”。

如果将这些制造业、服务业和零售业的公司视为一个单一实体，那称得上是一家非常优秀的企业。2016年，这些公司的有形净资产平均值为240亿美元，它们还持有大量的超额现金，且几乎没有负债，资本税后收益率达到24%。

当然，即使是一家盈利状况非常出色的公司，如果收购价格过高，也仍然是一笔糟糕的投资。我们旗下大多数公司的收购价格，都大幅超过其有形资产净值，我们支付了相当高的溢价，这种成本体现在我们资产负债表中的商誉及其他无形资产上。不过总体而言，我们配置在这个板块的资本还是得到了相当不错的回报。只要不遭遇经济衰退，2017年这一板块的盈利还将继续增长，部分原因是：我们2016年收购的金霸王电池公司（Duracell）和精密机件公司（Precision Castparts）将首次为该板块贡献完整年度的盈利。此外，金霸王电池公司2016年发生的巨额交易成本，未来将不会再出现。

我们这个板块的公司数量实在太多，难以逐一点评。更何况，它们眼下的和潜在的竞争对手也会读到这份报告。我们一些公司的详细数据如果为外人所知，我们就会处于不利的竞争地位。因此，对某些规模不会对伯克希尔评价造成实质性影响的公司，我们只公布那些要求公布的数据。不过，在年报的第90到94页，你还是可以找到许多公司的若干细节。需要提醒的是，真正重要的是伯克希尔这片大森林的成长，过分关注某一棵树的做法是愚蠢的。

****

过去几年里，我一直在告诉各位，这个业务板块的收入和支出数据并不符合GAAP。我也解释过，这种数据差异产生的主要原因是：根据GAAP的采购记账调整规则，某些无形资产的摊销必须分配到平均长度约为19年的周期中。而在我们看来，这些摊销“支出”大部分都不是真正的经济成本。我们这个业务板块没有采用GAAP的会计方法，就是为了以我和查理的看待和分析方式向各位呈现这些数据。

在年报第54页，我们逐项列出了尚未在每年的盈利中摊销完毕的154亿美元无形资产。（随着我们进行新的收购，还将产生更多的待摊销无形资产。）在这一页里，我们列出：2016年GAAP盈利下的摊销支出为15亿美元，较2015年增加了3.84亿美元。我的判断是，2016年的摊销支出中，只有20%左右属于“真实的”成本。

摊销支出最终会从相关资产中减记完毕。到那时（通常需要15年），我们报告的GAAP盈利数据就会实现增长，尽管伯克希尔的实际业务状况可能并没有任何实质改善。（就算是我留给继任者的一个礼物吧。）

我认为，GAAP下的支出被夸大了，这一点我已解释清楚。下面我来谈谈该会计准则造成的另一个让人不太开心的失真之处。这个话题就是GAAP必须基于历史成本的折旧支出规定。然而，在某些情况下，这些支出会大大低估真实的经济成本。通货严重膨胀的20世纪70年代到80年代初就发生过这样的现象，相关的分析文章数不胜数。随着通货膨胀的消退（这要归功于保罗·沃克尔的英雄壮举），折旧支出规定的缺陷问题就很少被人提起。但是，问题依然存在，尤其是在铁路行业，许多折旧项目的现行成本要远远超过历史成本，不可避免的结果就是，整个铁路行业报告的盈利数字大大高于真实的收益。

具体地说，BNSF去年的GAAP折旧支出为21亿美元。可是，如果这个数额就是我们去年的实际支出，那我们的铁路营运状况就会迅速恶化，竞争力就会降低。事实上，只是为了维持营运现状，我们就需要花费远高于折旧成本的资金。而且，未来数十年内，这种巨大的差异还将继续存在。

尽管如此，我和查理仍然看好我们的铁路公司，这是我们比较成功的收购交易。

****

为数众多的公司管理层（数量似乎在逐年增加），都在寻找各种方法来发布（其实是高调凸显）公司“调整后收益”数字，这一数字会超过GAAP下的收益数字。从业者有很多方法要弄这种花招。他们最喜欢的两种方法是：在支出项目中剔除“重组成本”和“股票薪酬”。

我和查理希望管理层的做法是：在财报的注释部分，对各种影响GAAP数据的非经常性项目（收益或损失）做出说明。毕竟，我们研究这些历史数据，就是为了评估公司的未来。如果企业的管理层经常强调“调整后每股收益”、隐藏真实的成本，那我们会感到紧张的。这是因为不良行为具有传染性：公司的首席执行官公然地想办法夸大盈利数字，往往就会滋生一种上行下效的公司文化，下属也会拼命地“提供帮助”。比如，为了业绩好看，保险公司可能会低估赔偿准备金的需求，这种做法已经毁掉了很多保险公司。

听到分析师羡慕、盛赞有些公司的管理层总是能够“搞定财务数据”，我和查理都会感到不安。事实上，公司的业务发展具有高度的不可预测性，往往很难达到预期的财务数据。意外会不可避免地发生。在这种情况下，那些只关注华尔街的首席执行官就会铤而走险，编造财务数据。

我们回到企业经理人最喜欢“剔除”的两个项目，先从“重组成本”开始。可以说，从我们1965年接手伯克希尔的第一天起，公司就一直在重组。当时公司只拥有一家北方的纺织企业，因此，我们没有更多的选择。现在，伯克希尔每年都在进行大量重组。这是因为，我们拥有数百家子公司，总有需要改变的东西。正如我在前文提到的，去年，为了确保金霸王电池公司未来数十年的良好发展，我们对其投入了大量的资金。

然而，我们从来没有将重组开支分列出来，然后告诉你说，在评估我们的标准盈利能力时要忽略这项开支。如果公司某个年度实际发生了重大的重组支出，我当然会在年报注释中加以说明。事实上，如果一家企业需要从最根本的层面开始整合（就像卡夫和亨氏合并时那样），那么几年内每年都会发生巨额的一次性业务重组支出，对此，企业的管理层必须向股东们解释清楚。卡夫亨氏公司的首席执行官正是这么做的，也得到了董事会成员（包括我在内）的批准。可是，进行必要的业务整合时，如果管理层年复一年地告诉股东们说“不要计入这些支出”，那就是在误导股东。然而，很多分析师和财经记者轻易上当，竟然相信这样的胡说八道。

说“股票薪酬”不属于支出，就更加蛮横了。首席执行官这么做，就等于是在告诉股东：“你们给我期权和受限制股票，不用担心这会影响公司的盈利。我会把影响‘调整’掉的。”

为进一步了解这种伎俩，我带你参观一家假账会计“实验室”，它要帮助粉饰伯克希尔发布的盈利数据。极富想象力的专家们正等着我们，急切地要向我们展示他们的本事。

仔细听好啦，我要向这些做账高手们介绍说：在多数大公司里，三四位高层管理人员的股票薪酬，通常会占公司总薪酬的20%以上。听好啦，我告诉他们：伯克希尔旗下子公司有几百位这样的高层管理人员，他们获得的薪酬也和同行相当，但是，我们只发现金。我还会继续坦诚说：由于缺乏想象力，我将伯克希尔高层们的薪酬都计为了公司的支出。

这些会计专家忍不住想笑，马上向我指出：伯克希尔支付给这些高管们的薪酬中，至少20%可以算作“以现金代发的股票薪酬”，因而就不算是“真实”的支出。于是，奇迹诞生了——伯克希尔也有了“调整后”盈利。

回到现实世界，如果首席执行官们不想在财报盈利数据中计入股票薪酬，他们就必须向公司股东令人信服地回答两个问题：为什么支付给员工的价值物可以不算作成本？为什么在核算盈利时要扣除薪资成本？

虚假财报泛滥的20世纪60年代，曾经发生过这样一个故事：有一家公司正在加快上市，公司首席执行官问所有应聘的审计师：“2加2等于多少？”最终得到这份工作的审计师给出的答案当然是：“你想是多少就是多少。”

金融业务和金融产品

我们有三家主营租借和租赁业务的公司：寇特公司（CORT，家具租赁）、XTRA（半挂拖车租赁）和马蒙公司（主营油罐车租赁，也经营货车、罐式集装箱和起重机租赁）。它们都是各自行业领域里的领先者。

我们将克莱顿房屋公司（Clayton Homes）也列入了这个业务板块。该公司的营业收入大部分来自预制房屋的销售，但盈利的主体却是来自其庞大的抵押贷款投资组合。去年，克莱顿公司成了美国最大的住宅建造商，交付住宅

42,075幢，占美国新建房屋总数的5%。（公平地说，其他大型建筑商的销售额要远高于克莱顿公司，其原因在于：他们销售的住房都是现场建造，价格要比克莱顿公司的预制房屋高得多。）

2015年，克莱顿公司开始扩大业务范围，收购了旗下第一家现场房屋建造商。2016年，公司又进行了两笔类似的收购交易，未来还会进行更多的收购。预计2017年，现场建造的房屋将占克莱顿公司房屋总销售量的3%左右，销售额有望占公司总销售额的14%左右。

不过，克莱顿公司的业务重心，仍然会是预制房屋。目前，全美售价低于15万美元的新建房屋中，约70%都是预制房屋。克莱顿公司占据着全美预制房屋市场近一半的份额。同2003年伯克希尔收购克莱顿公司时的市场地位相比，已是天壤之别。当时，克莱顿公司的房屋销售量仅排行业第三名，员工人数只有6,731人。现在，算上其收购的企业，该公司的雇员人数已经达到14,677人，未来这一数字还会增加。

最近几年，超低的利率给克莱顿公司带来了实质的好处。公司发放给购房者的抵押贷款，都是长期、定息贷款（平均贷款年限为25年）。但是，克莱顿公司自己的借款都是短期贷款，可以不断地重新定价。利率走低时，公司从抵押贷款投资组合中获得的收益就会大大增加。通常情况下，我们会避开这种短期借款、长期放款的做法，因为它可能给金融机构造成严重的问题。不过，整体而言，伯克希尔一直都是一家资产敏感型企业，这就意味着，短期利率的走高，可能会伤害克莱顿公司，但会有益于伯克希尔的合并盈余。

去年，克莱顿公司不得不取消了8,304幢预制房屋的抵押赎回权，约占其整个投资组合的2.5%。客户的人口统计资料，可以帮助解释这个数字。克莱顿公司的客户，往往都是信用评级一般的低收入家庭；许多客户所从事的职业，只要有衰退发生，就可能失去赖以还款的工作，而且，与高收入家庭不同，他们的财务状况很容易受到离异、死亡等变故的冲击。不过，我们的客户几乎都有拥有自己住宅的强烈愿望，加之每月还款额度设定合理，计入保险和房产税，平均只有587美元，因此，这在一定程度上缓解了我们客户所面临的上述风险。

此外，克莱顿公司还长期提供多种帮助借款人渡过难关的计划。其中，最受欢迎的两个计划是：贷款延期和还款减免。去年，大约有11,000名借款人获得了贷款延期，3,800名借款人获得了克莱顿公司给予的总额为340万美元的永久减免额度。公司做出这些帮助客户减轻损失的决定时，不会收取任何利息或费用。我们的经验是，过去两年里受助于这些计划的借款人，93%现在都保有自己的住宅。虽然我们因为取消抵押赎回权而蒙受了巨额的损失（去年的损失总额达1.5亿美元），但这些援助计划不但帮助了借款人，最终也帮助了克莱顿公司自己。

克莱顿公司和伯克希尔公司一直保持着极佳的伙伴关系。凯文·克莱顿（Kevin Clayton）为我们带来了一流的管理团队和企业文化。反过来，在大衰退时期，预制房行业面临崩溃时，伯克希尔也帮助克莱顿公司获得了难以匹敌的持续发展能力。（其他借款商纷纷撤出时，克莱顿公司不但贷款给自己的经销商，还为销售竞争对手产品的经销商提供贷款。）在伯克希尔，我们收购企业时从来不看重协同效应。不过，收购克莱顿公司后，我们确实看到了诸多重要的协同效应。

去年，马蒙公司的轨道车租赁业务遭遇了重大的需求下滑，因此，公司2017年的盈利会下降。去年12月份，公司车队的租用率为91%，低于前年同期的97%，我们2015年从通用电气收购的庞大车队的租用率下降得尤其严重。马蒙公司的起重机和集装箱租赁业务也出现萎缩。

轨道车需求的巨大波动，过去曾经出现过，未来也还会发生。不过，我们非常喜欢这个业务，而且，长期而言，公司肯定会获得相当不错的资本权益回报率。油罐车租赁是马蒙公司的业务专长。提到油罐车，人们往往会想到原油运输，但事实上，门类众多的运输企业都必须租借油罐车。

长期来看，我们预计会扩大我们的油罐车业务规模。目前，马蒙公司正在进行许多补强型收购，其业绩被计入了“制造业、服务业和零售业”板块。

以下是我们旗下的金融相关公司的税前盈利概况：

	2016年	2015年	2014年
		（单位：百万美元）	
Berkadia公司（我们持股50%）…………………	91	74	122
克莱顿公司………………………………………	744	706	558
寇特家具…………………………………………	60	55	49
美联集团（集装箱与起重机）…………………	126	192	238
美联集团（轨道车）……………………………	654	546	442
XTRA公司 ………………………………………	179	172	147
净财务收入* ……………………………………	276	341	283
	2,130	2,086	1,839

*未计入资本利得和亏损。

投资

下面列出的是截至去年年末我们投资的15只市值最高的普通股情况。我们没有列出我们持有的卡夫亨氏公司股票，是因为伯克希尔本身就是该控股集团合伙人，因此，必须按照“权益”法核算这笔投资。伯克希尔持有的325,442,152股卡夫亨氏股票被列入公司的资产负债表，依照GAAP，其账面价值为153亿美元，去年年末的市值为284亿美元。这些股票的成本基数是98亿美元。

2015年12月31日

持股数量*	公司名称	伯克希尔所持股份比例	成本**	市值
			（单位：百万美元）	
151,610,700	美国运通	16.8	1,287	11,231
61,242,652	苹果公司	1.1	6,747	7,093
6,789,054	Charter有线电视	2.5	1,210	1,955
400,000,000	可口可乐	9.3	1,299	16,584
54,934,718	达美航空	7.5	2,299	2,702
11,390,582	高盛集团	2.9	654	2,727
81,232,303	IBM	8.5	13,815	13,484
24,669,778	穆迪公司	12.9	248	2,326
74,587,892	菲利普斯66	14.4	5,841	6,445
22,169,930	赛诺菲	1.7	1,692	1,791
43,203,775	西南航空	7.0	1,757	2,153
101,859,335	美国合众银行	6.0	3,239	5,233
26,620,184	联合大陆控股	8.4	1,477	1,940
43,387,980	美国石棉	29.7	836	1,253
500,000,000	富国银行	10.0	12,730	27,555
	其他		10,697	17,560
	持有普通股总值		65,828	122,032

* 未计入伯克希尔子公司退休金基金的持股。

**这是我们的实际购买价格和课税基础；GAAP“成本”有时候会因为GAAP要求的减记而有所不同。

上表所列股票中，有些股票是由托德·康布斯（Todd Combs）或泰德·韦斯勒（Ted Weschler）负责购买的，他们和我共同管理伯克希尔的投资。两位都独立工作，各自管理着超过100亿美元的投资，他们做出的投资决定，我往往要看到每月交易表单后才会得知。两位除了管理这210亿美元投资，还为伯克希尔的若干子公司管理着大约76亿美元的退休金信托资产。如前所述，退休金投资没有计入前面那份伯克希尔的持股表单。

****

上表没有列出我们的一笔投资（但是非常重要）：我们持有的价值50亿美元的美国银行优先股。这些股票每年为我们带来3亿美元的利润，而且还附带有价值可观的认股权证，允许伯克希尔在2021年9月2日前的任何时间，以50亿美元的价格，购买美国银行的7亿股普通股。截至去年年末，如果行权，这些认股权证可以为我们带来105亿美元的投资收益。如果愿意，伯克希尔可以将这些优先股当作行权认购股票所需的50亿美元成本。

2021年前，如果美国银行普通股每股的股息收益（目前为每年30美分）增长至44美分以上，我们就会执行这笔无现金交易，将优先股转为普通股。如果普通股的股息低于44美分，我们很可能在认股权证到期之前立即行权。

包括美国银行在内，我们的很多投资对象一直都在回购股票，有些回购力度还非常大。我们很喜欢这种行为，因为我们认为，大多数情况下，被回购的股票价值都是被低估的。（毕竟，我们投资这些股票，就是因为它们被低估了。）如果一家公司的业绩在增长，而发行在外的股票数量却在减少，那对公司股东而言当然是件好事。

****

各位还要清楚一点：我们资产负债表上860亿美元的“现金及等价物”（我的理解应包括美国国债）当中，95%都是由我们在美国国内的企业持有，因此，不需要缴纳任何的汇回税。而且，剩余5%的那部分资金所引发的汇回税税金也会很低，因为这些钱大部分都是在征收可观企业税的国家赚取的。这些资金回到美国时，在国外已经缴纳的企业税是可以抵消美国政府征收的税金的。

这些说明很重要，因为许多现金充裕的美国公司，都将大部分资金留置在税率很低的国家和地区。这些公司希望，美国政府大幅下调这些资金回到美国时所征收的税率——它们很可能会如愿以偿。同时，公司这些现金的用途还会受到限制。换言之，离岸现金的价值，是不如国内持有的现金的价值的。

不过，伯克希尔所持资金的地理位置优势，被另一劣势给部分抵消了——我们的大部分资金都由保险子公司持有。虽然我们对这些资金的投资拥有诸多的选项，但如果这些资金掌握在母公司伯克希尔手中，那投资选项就不会受限。我们确实能够每年将大量资金由保险子公司分配给母公司，但同样也会受到限制。总而言之，我们的保险子公司所持资金是一份很有价值的资产，但如果这些资金由母公司持有，其价值会更高一些。

****

有时候，股东或媒体的评论会让人觉得，我们会“永远”持有某些股票。没错，我们所持的某些股票，在目力所及的未来时间内（当然我说的是正常“视力”），我是不会打算卖掉的。但是，我们绝对不会保证说，伯克希尔会永远持有手中的任何一只可销售证券。

人们对这一点产生误解，可能是因为他们太过随意地解读年报第110至111页上的“经济原则第11条”。自1983年起，这条原则就一直被列入我们的年报，但其适用对象是我们控股的企业，不是可销售证券。今年，我在这条原则的最后加上了一句话，以确保我们的股东都清楚：伯克希尔所持有的任何一只可销售证券，不管现在看来卖出的可能性多么微小，我们都把它视为是“可销售”的。

****

在结束投资这一部分前，我想就股息和税务再啰唆几句，希望对大家有所帮助：同大多数公司一样，伯克希尔从1美元股息中获得的净收益，要远远超过1美元的资本利得。我这样说，可能会让我们的有些股东感到吃惊，因为他们习惯性地认为，资本利得是一种享有税收优惠的回报。

可是，企业的税务是这样计算的：企业每实现1美元资本利得，就需要缴纳35美分的联邦所得税（通常还要缴纳州所得税）。然而，国内企业获得的股息，尽管其适用税率根据获息者的情况有所不同，但一贯都会低于资本利得税。

非保险公司（母公司伯克希尔·哈撒韦公司就属于这一范畴）每获得1美元股息，需要缴纳的税金实际上只有10.5美分。非保险公司持有投资对象的股份超过20%，1美元股息需要缴纳的税金仅为7美分。例如，我们拥有卡夫亨氏公司27%的股份（均为母公司伯克希尔持有），因此，我们获得的大量股息适用的就是上述税率。（企业股息适用低税率是合理的，因为投资对象在派发股息前已经为所分配的盈利缴纳过企业税。）

伯克希尔的保险子公司所承担的股息税率，虽然远低于35%的资本利得税，但仍高于非保险公司适用的股息税率。财产和意外保险公司获得的大部分股息，适用税率约为14%。但是，如果它们在一家美国本土企业中的持股超过20%，其股息税率就会降至11%左右。

好了，今天的税务课就上到这里。

“赌局”（你的钱是如何流进华尔街口袋的）

在这个部分，你们首先会读到我九年前参与的一次投资赌局的故事，接下来是我关于投资的一些有力的观点。不过，作为引子，我想简要介绍一下“长期赌约”（Long Bets）这个使那次赌局得以发生的独特机构。

“长期赌约”是亚马逊公司的杰夫·贝佐斯（Jeff Bezos）创建并运营的一家非营利机构，其业务就是你猜到的：主持长期赌局。要参加赌局，“发起人”需要在Longbets.org网站上贴出一个远期会被证明是真是假的命题，然后等待看法相反的人出现，成为赌局的反方。“质疑者”入局后，双方各自指定一家慈善机构，作为自己获胜后的受益者，各自将赌注交给“长期赌约”机构保管，并在“长期赌约”网站发文为自己的立场辩护。赌局结束后，“长期赌约”负责将赌注交付给赢家指定的慈善机构。

下面这两场赌局，你可以在非常有趣的“长期赌约”网站上找到。

2002年，企业家米奇·卡普尔（Mitch Kapor）断言：“2029年之前，不会有计算机（或‘机械智能’）通过图灵测试。”这个赌局赌的是：计算机能否成功地扮演人类。发明家雷伊·库兹维尔（Ray Kurzweil）的看法则相反。两人各自下注1万美元来支持自己的观点。我不知道谁会赢得这场赌局，但我敢打赌：计算机永远不会复制查理。

同年，微软公司的克雷格·蒙迪（Craig Mundie）断言：2030年之前，无人驾驶飞机会定期执飞客运航班，谷歌公司的埃里克·施密特（Eric Schmidt）的观点则与之相反。两人各自下注1,000美元。埃里克很可能会为自己所下的“重注”感到心痛，为了减轻他的煎熬，不久前，我主动提出要帮他分担。他立即就将500美元的赌注转给了我。（他可能认为，我可以活到2030年，一旦输掉赌局，就要我付钱给他——我喜欢他的想法。）

现在，言归正传，说说我的那场赌局及其历史。在伯克希尔公司2005年的年报中，我曾经表明：整体而言，专业人士管理的频繁操作的投资，其为期数年的收益表现，还不及那些就坐在那里什么也不做的业余投资者。我解释说，形形色色的“帮助者”所收取的高额费用，会让他们的客户（同样是整体而言）获得的收益，比不上那些就投资消极运作的低成本指数基金的业余人士。（参见本年度年报第114至115页，上面重印有我在2005年年报上说过的那些原话。）

随后，我公开下注50万美元，我打赌：任何投资专家，选择不少于5只的对冲基金（一种广受欢迎、高收费的投资工具），其在较长期限内获得的收益表现，都比不上消极管理的、只象征性收费的标普500指数基金。我提出赌期为10年，并选定一只低成本的、来自先锋公司的标普500指数基金作为我的“赛马”。然后，我就袖手旁观，期待着成群结队的基金经理人（他们可以将自己管理的基金纳入5只基金之内）站出来应战，捍卫自己的职业声誉。毕竟，因为这些经理人的花言巧语，投资者投入了数十亿美元的“赌注”，赌的就是这些经理人的能力。他们掏出自己的一点儿小钱也去冒冒险，不应该感到害怕吧？

然而，随之而来的却是一片沉默。成千上万的专业投资经理人，靠着推销自己超凡的选股技术，聚积起了数量惊人的财富，但是，站出来接受我挑战的，却只有一个人——泰德·塞德斯（Ted Seides）。泰德是门徒合伙基金（Protégé Partners）的联席经理人，作为资产管理者，他从有限合伙人手里募集资金，成立了一只“母基金”（FOF），也就是投资多只对冲基金的基金。

在这场赌局之前，我并不认识泰德，但我欣赏他，钦佩他说到做到。他和我打交道坦率直接，还一丝不苟地提供我们监控赌局所需的所有数据。

我们10年赌约的门徒合伙基金这一方，泰德选择了5只母基金，以它们的平均业绩同我的先锋标普500指数基金一决高下。他选择的这5只母基金投资于100多只对冲基金，这就意味着，这些母基金的整体表现，不会因为某一位经理人的业绩好坏而出现扭曲失真。

当然，除了其投资的对冲基金要收取费用外，每一只母基金也要再次收费。在这种双重收费的架构下，处于下层的对冲基金收取的费用更多，母基金只收取部分额外费用，作为所谓的选择对冲基金经理人的技术的报酬。

以下列出的是这场赌局前九年的业绩情况。毫无疑问，基于这些数据，明年1月份赌约到期时，我指定接收我所有赌局赢得赌资的受益慈善机构奥马哈女孩救助会（Girls Inc.），将成为那个急切地打开装有大额支票的信封的慈善机构。

年度	A母基金	B母基金	C母基金	D母基金	E母基金	标普指数基金
2008	–16.5%	–22.3%	–21.3%	–29.3%	–30.1%	–37.0%
2009	11.3%	14.5%	21.4%	16.5%	16.8%	26.6%
2010	5.9%	6.8%	13.3%	4.9%	11.9%	15.1%
2011	–6.3%	–1.3%	5.9%	–6.3%	–2.8%	2.1%
2012	3.4%	9.6%	5.7%	6.2%	9.1%	16.0%
2013	10.5%	15.2%	8.8%	14.2%	14.4%	32.3%
2014	4.7%	4.0%	18.9%	0.7%	–2.1%	13.6%
2015	1.6%	2.5%	5.4%	1.4%	–5.0%	1.4%
2016	–2.9%	1.7%	–1.4%	2.5%	4.4%	11.9%
9年收益	8.7%	28.3%	62.8%	2.9%	7.5%	85.4%

注：根据我和门徒合伙基金达成的协议，这些母基金的名称不对外公布。不过，我可以看到它们的年度审计报告。

迄今为止，标普500指数基金的年复合增长率为7.1%，显然，这就是典型的股市长期回报率。这是一个很重要的事实：在这场赌约的期限内，如果股市表现特别疲软，那么，对冲基金的相对表现就可能从中受益，原因是很多对冲基金持有的都是“空头”头寸。反之，如果这九年股市的回报率特别高，指数基金的收益自然就会水涨船高。

然而，我们操作的这九年的股市环境，是我所称为的“中立”环境。在此环境下，截至2016年，这5只母基金交出的成绩单是平均年复合回报率仅为2.2%。这就意味着，投资100万美元，这些母基金给出的收益只有22万美元，而指数基金给出的收益会高达854,000美元。

请记住：这100多只下层对冲基金的经理人，是有巨大的财务动机去竭尽全力的。此外，泰德挑选的这5只母基金的经理人，同样也有财务动机去选出最优秀的对冲基金经理人，因为这5只母基金的收费是和下层对冲基金的业绩表现挂钩的。

我相信，这两个层面的基金的经理人，肯定都是诚实、聪明的人。然而，他们交给投资者的，却是惨淡的回报——相当惨淡。可叹的是，这些对冲基金和母基金所收取的固定费用（完全与业绩表现无关的费用），其数额之大，足以保证这些经理人在过去的9年时间里获得丰厚的薪酬。正如电影《华尔街》中的戈登·盖柯（Gordon Gekko）所言："收费永不眠。"

我们这场赌局中的下层对冲基金的经理人，是从他们的有限合伙人那里领取报酬的。平均而言，他们的报酬会稍低于对冲基金行业内流行的"2加20"标准：2%的年固定管理费（即使亏损严重也要支付），加上20%的非回拨性盈利提成（即使盈利年份后出现亏损，也无须返还）。由于这种不平等的安排机制，许多对冲基金经理人的投资业绩非常糟糕，只是能够募集到管理资产额，但依然腰缠万贯。

然而，收费还没有结束。不要忘了，还有那些母基金的经理人，他们也要分一杯羹。这些经理人要收取额外的固定费用，通常设定为资产总额的1%。这样一来，虽然这5只母基金的整体表现非常糟糕，但有些母基金也有过好年景，因而获得了"业绩"提成。根据我的估算，这九年时间里，5只母基金获得的投资总收益，约60%（我的天啊）都流进了两个层级的基金经理人的腰包。这是不义之财，因为他们取得的业绩回报，远低于成百上千的有限合伙人不费吹灰之力（基本上没有任何成本）自己就能取得的回报。

我相信，对冲基金经理人在这场赌局中令人失望的业绩表现，未来肯定还会重演。这场赌局开始时，我在“长期赌约”网站上发布的一份声明（现在还在网站上），解释了我如此自信的原因。以下是我当时的声明：

10年期限内（开始于2008年1月1日，结束于2017年12月31日），根据扣除费用、成本和支出后的净值标准，标普500指数的业绩表现会超过对冲基金母基金的投资组合。

许多聪明绝顶的人想要获得高于股市平均水平的回报。就称他们为积极投资者吧。他们的对立面则是消极投资者，只想获得与股市平均水平相当的回报。整体而言，他们的仓位情况大致与指数基金相当。因此，股市的平衡方（积极投资者）也只能获得平均水平的回报。然而，这些投资者发生的成本要高得多。因此，扣除这些成本后，他们的整体业绩会差于消极投资者。

高昂的年费、业绩提成、频繁操作引起的交易成本，这些都会计入积极投资者的业绩公式，其成本自然会飙升。母基金投资的对冲基金要收取高昂的费用，在此之上，母基金还要收取费用，因而加重了对冲基金母基金的成本问题。

对冲基金的管理者，很多都是非常聪明的人。但是，在很大程度上，他们的努力是自我抵消的，他们的智商不会战胜投资者缴纳的成本。长远来看，平均而言，选择低成本指数基金的投资者，其获得的回报会好于母基金。

这就是我给出的理由。现在，我把它转换为一个简单的公式：整个投资界是由群体A（积极投资者）和群体B（消极投资者）构成的；B在扣除成本前只能获得平均水平的回报，A也是如此。谁的成本更低，谁就是赢家。（因为身上的学究气，我必须说明，这个公式，我做了调整，不过调整之处很微小，不值一提。）如果A的成本过高，业绩差额也就会很大。

当然，也有一些技术出色的人，他们很可能会超过标普500指数的长期表现。不过，预计能获得这种业绩的投资专家，这辈子我也就能识别出十来个。

当然，肯定还有数百位（也许是数千位）素未谋面的投资专家，他们的能力不亚于我识别出的那些专家。毕竟，要识别所有这些专家，是不可能完成的任务。问题只在于：那些想获得超越表现的经理人，大多数都会失败。那个拉你投资的人，极大可能不属于个别例外的优秀经理人。比尔·鲁安（Bill Ruane）非常优秀，60年前我就识别出，这个人肯定能带来出色的长期投资回报。就这个问题，他有过精彩的发言："在投资管理上，创新者为数甚少，模仿者为数众多，无能者数不胜数。"

有些投资管理专业人士（业余人士也会如此）短时期内会因为好运气而表现出色，这就增加了寻找收费高昂但物有所值的经理人的难度。每年年初请1,000位经理人对股市做出预测，那么，至少有一人会连续九年预测准确。当然，如果是1,000只猴子，同样也会出现一个似乎无所不知的先知。只不过，两者的差异在于：幸运的猴子不会找到排队等候的投资者。

最后，我要谈谈三个彼此关联的现实因素，它们会让成功的投资变成失败。第一，优秀的业绩表现迅速吸引大批资金涌入。第二，庞大的资金规模肯定拖累投资表现：管理几百万投资，轻轻松松；管理几十亿投资，痛苦折磨

（呜呜呜）。第三，即便如此，大多数经理人仍会寻找新的投资，因为他们有自己的算计——管理的资金越多，落袋的收费就越多。

对我来说，这三点早已不是什么新鲜的事情。1966年1月，我管理着4,400万美元资金，当时我就致信我的有限合伙人们："我觉得，资金规模再大幅增加，对未来的回报很可能是弊大于利。我的个人回报可能会增加，但你们的回报可能会减少。所以……我倾向于巴菲特合伙人公司（BPL）停止接受新的合伙人。我已经告知苏茜，如果我们将来还要孩子，就由她来负责为孩子们寻找其他的合伙机会。"

归根结底：数万亿的资金由收费高昂的华尔街人士管理，赚取高额利润的，往往是那些经理人，不是投资客户。无论投资多寡，投资者都应该坚持投资低成本的指数基金。

****

如果要树立一尊雕像，用以表彰某位为美国投资者做出最大贡献的人，杰克·博格尔（Jack Bogle）将是一位无可争议的人选。数十年来，杰克一直在劝导投资者选择超低成本的指数基金。在他的投资"圣战"中，杰克只获得了极少的财富，绝大多数财富都流入了经理人们的腰包。这些经理人都给投资者许诺，要为他们创造巨大的回报，但事实上并没有给他们带来价值的增长（甚至是负增长，比如，我的那场赌局）。

在投资生涯早期，杰克经常受到投资管理同行的嘲笑。可是，今天，他会感到欣慰和满足，因为他知道，自己帮助了数百万的投资者，让他们的储蓄实现了远高于其他投资方式的回报。他是这些投资者的英雄，也是我的英雄。

****

这些年来，经常有人向我寻求投资建议。问答之间，我对人类的行为有了更多的了解。我通常都会建议他们选择低成本的标普500指数基金。听取我建议的，往往是那些拥有财富不多的朋友。我为他们感到骄傲。

不过，同样的这些投资建议，我相信那些超级富有的个人、机构或退休基金，谁也没有听取。相反，这些投资者总是礼貌地对我的建议表示感谢，然后转身就去喝那些收费高昂的经理人们的“迷魂汤”，或者像许多机构那样，去寻找另一群叫作“投资顾问”的超级帮手。

然而，这类专家也面临着一个问题。你能想象，一位投资顾问会年复一年地告诉客户要持续投资类似于标普500的指数基金？这简直是职业自杀。可是，如果他们每一两年都向客户建议调整投资管理模式，那大量的费用自然就流入这些“超级帮手” 的腰包。他们给出建议时，通常都会使用深奥难懂的专业术语，废话连篇地对客户解释，为什么流行的投资“风格”或当前的经济趋势适合调整投资模式。

富人们习惯性地认为，他们生活中就应该拥有最美味的食物、最好的教育、最高档的娱乐、最豪华的房子、最好的美容手术、位置最好的球票等。他们觉得，自己就应该花钱购买比普通大众更上档次的东西。

不错，在生活的诸多方面，财富确实可以换来高档的产品和服务。出于这个原因，财富“精英”们（富有的个人、退休基金、大学捐赠基金等）要签字购买几千美元的投资者也能购买的理财产品或服务，总是心有抵触。就算该产品（就前景而言）明显是最佳的投资选择，富人们往往也不情愿购买。根据我的粗略估算，过去10年里，因为要寻求顶级的投资建议，这些精英们已经让自己蒙受了累计超过1000亿美元的损失。你自己算算：几万亿美元的资产，哪怕每年多交1%的费用，十年下来就到这数字了。当然，10年前选择对冲基金的投资者，并不是所有人的回报都落后于标普500指数。不过，我相信，我对于他们总体损失的估算还是相当保守的。

这笔金融损失，大部分都落在了公职人员退休基金上。现在，这些基金很多都面临着资金严重不足的问题，这部分是因为它们遭受了双重打击：投资表现糟糕，加之费用高昂。由此造成的资金缺口，只能由纳税人在未来数十年内进行填补。

人的行为是不会改变的。富有的个人、退休基金、捐赠基金等还会继续认为：自己应该拥有“特别的”投资建议。那些巧妙迎合这种心理预期的顾问，将会变得腰缠万贯。今年的迷魂汤是对冲基金，明年又会是别的东西。这些接连不断的承诺，其可能的结果就是验证了那句老话：“有钱的人遇到有经验的人，结果是有经验的人得到了钱，有钱的人得到了经验。”

很久以前，我的姐夫霍默·罗杰斯（Homer Rogers）在奥马哈为养殖场做销售代理。我曾经问他，如何说服农场主和牧场主，雇用他将他们的猪和牛卖给四大罐头公司（Swift、Cudahy、Wilson和Armour）。毕竟，猪还是一样的猪，而买家也都是内行，可以将任何一头牲畜的价值估算到几毛几分。我问霍默，代理商怎么可能谈下比别人更划算的交易？

霍默有些怜悯地看了我一眼，说道：“沃伦，关键并不在于你怎么卖货，而在于你怎么‘卖嘴’。”奥马哈牲口栏适用的那些套路，在今天的华尔街依然适用。

****

最后，我还是让我向华尔街伸出橄榄枝吧，毕竟那里的人很多都是我的好朋友。伯克希尔愿意向帮助完成收购交易的投资银行交纳费用（哪怕是高得离谱的费用）。此外，我们也因为公司内部的两位投资经理人跑赢大盘而向他们支付了高额的报酬——我们希望将来还能向他们支付更高的报酬。

套用《圣经》（《以弗所书》3:18）的说法：当华尔街说出“费用”这个二字词语时，我知道从中涌出的能量是何等“长阔高深”。只要这能量为伯克希尔带来价值，我会高兴地奉上大大的支票。

年 会

去年，我们携手雅虎公司，第一次对我们的年会进行了网络直播。感谢苏安迪（Andy Serwer）和他的雅虎团队，直播在各个方面都大获成功，实时浏览访问量达到110万次，重放次数高达1,150万（当然，访客点击重放，很多可能只是对网络直播的某一部分感兴趣）。

伯克希尔给发起网络直播的雅虎公司发去了致谢邮件，其中摘录了三个股东群体的来信内容：旅行困难的老年人、觉得前往奥马哈的旅费昂贵的节俭人士、因为宗教原因不能在周六参会的信徒们。

因为网络直播的缘故，去年年会的到场参会者减少至约37,000人（我们无法准确统计与会者人数），较前年减少了约10%。即便如此，伯克希尔的各子公司以及奥马哈的酒店和餐厅仍然实现了巨大的销售额。内布拉斯加家具卖场（Nebraska Furniture Mart）的销售额增长3%，打破了2015年的销售纪录，其在奥马哈的当地门店一周的销售额就达到4,550万美元。

去年，伯克希尔参展商在世纪链接中心的展位，从周五中午一直开放到下午5点，吸引了12,000名低价淘货的公司股东。今年5月5日（周五），我们还会开放同样的购物时段。不要忘记带上钱。

年会于5月6日正式举行，仍将由雅虎进行网络直播，网址是：https://finance.yahoo.com/brklivestream。现场直播开始时间是美国中部夏令时间上午9点。雅虎还将在会前和午休期间采访董事、经理人、股东和社会名流。这些采访和会议的内容均有普通话同声传译。

对于那些亲自到场参会的股东，世纪链接中心将在周六早上7点开门，方便他们在股东电影播放前进行购物，电影播放时间为8点30分。问答环节从9点半开始，下午3点半结束，中午有一个小时的午餐休息时间。最后，下午3点45分，我们的股东会议正式开始，大约会持续1个小时。因为有三个代理项目要由其提议人向股东们做陈述（我们要给他们足够的时间做项目陈述），因此，今年的会议时间会比以往稍长。

周六上午，我们将举行第六届国际报纸投掷挑战赛。我们的目标依然是"克莱顿之家"的门廊，距投掷线正好35英尺。我十几岁的时候（想靠诚实劳动赚钱），送过大约50万份报纸。因此，我认为自己很擅长这个比赛项目。来挑战我！让我丢丢人！杀杀我的威风！报纸有36到42页，你必须自己叠好（不许使用橡皮筋）。比赛7点45分左右开始，我的助手德比·波萨尼克（Deb

Bosanek）会提前为我挑选十余位比赛对手。

购物场所是一处面积约为194,300平方英尺的大厅，与会场毗邻，出售数十家伯克希尔子公司的产品。伯克希尔的许多经理人会在那里为自己公司的产品站台，向他们问声好吧。一定要去看看BNSF的铁路布局图，这是为了向我们所有的子公司致敬而安排的。你的孩子（还有你）肯定会着迷的。

我们的跑鞋公司Brooks将在会上再次推出特别纪念款。你可以买上一双，然后穿上去参加周日上午举行的“伯克希尔五公里”年度赛跑。比赛上午8点开始，起跑点位于世纪链接中心。比赛所有的细节，你可以看看随会议入场券一起寄去的参会指南。参加这个比赛，你会发现跑在自己身边的人，有许多是伯克希尔公司的经理人、股东和合作伙伴。（不过，我和查理得多睡一会儿——周六会议上，我们一直在吃软糖和花生脆，这就是恶果吧。）参加“五公里赛跑”的人数，每年都在增加。来吧，帮助我们刷新参赛人数的纪录。

GEICO设在购物区的展位，很多工作人员都是公司的高层顾问，来自全美各地。去年会议期间，我们创下了保单销售纪录，较2015年增长了21%。我预计，今年还会增加。

所以，一定要去GEICO公司展位看看保险报价。大多数情况下，盖克公司都会给你一个股东折扣（通常优惠8%）。我们的51个业务区，有44个都可以提供这种折扣。（补充一点：如果你已经获得了其他折扣，比如那些针对特定人群的优惠，那就不能再享受叠加折扣了。）带上你现有的保单，再看看我们的价格。我们可以让你们中的很多人节省真金白银。拿省下的钱，再去购买伯克希尔公司的其他产品。

一定要记得去“书虫”（Bookworm）的展位看看。这家位于奥马哈的书店将带来35部书和很多DVD，其中不少是新品。我去年读过的最好的书，就是由耐克公司创始人菲尔·奈特（Phil Knight）创作的《鞋狗》（*Shoe Dog*）。菲尔是一个博学、睿智、极富竞争力的家伙，也是个讲故事的天才。“书虫”展位上会有成摞的《鞋狗》出售，当然也会有杰克·博格尔的投资经典著作。

“书虫”还会再度让你领略伯克希尔公司前50年的那些“高光”时刻（以及那些“低光”时刻）。没来参会的人可以在eBay找到这本书。只需输入：Berkshire Hathaway Inc. Celebrating 50 years of a Profitable Partnership（2nd Edition）。

随同这份报告寄出的代理材料还有一份附件，它会告诉你如何获取年会和其他活动的入场券。请注意：“伯克希尔周末”期间，飞机票有时会涨价——不过，我得承认，对于这种做法，我的耐心已有所增加（接近于热情欢迎），因为伯克希尔现在是美国四大航空公司的大股东。不过，如果你远道而来，我建议你比较一下到堪萨斯城和到奥马哈的机票价格。两个城市相距仅2.5小时左右的车程，也许飞到堪萨斯城能为你省一大笔钱。如果是夫妻两人同行，那就可以省下上千美元。还是把钱花在我们身上吧。

内布拉斯加家具卖场位于72街，在道奇街和太平洋街之间，占地77英亩。我们今年还会举行“伯克希尔周末”打折特价促销活动。你必须是在5月2日（周二）至5月8日（周一）购物，同时出示你的会议入场券，你才能获得伯克希尔家居卖场的折扣。有几个大品牌平时绝不打折，但本着我们“股东周末”的精神，他们这次为各位破例，也会有特价活动。我们对他们的合作深表感谢。“伯克希尔”周末期间，家居卖场的营业时间是：周一到周五，上午10点至晚上9点；周六，上午10点至晚9点30分；周日，上午10点至晚上8点。周六下午5点30分至晚上8点，家具卖场还会举办野餐活动，欢迎所有人参加。

今年，那些居住在堪萨斯城和达拉斯大都会区、不能到场参会或者更愿意看网络直播的公司股东们，我们给你们带来了好消息。5月2日至5月8日，这些股东凭会议入场券或其他股东身份证明（比如券商出具的账户报告），到当地的家居卖场门店购物，也可以享受和奥马哈门店同样的折扣。

在波仙珠宝店（Borsheims），我们会再度举行两场只有股东才能参加的活动。第一场是5月5日（周五）晚上6点至9点的鸡尾招待会。第二场是大型联欢会，从5月7日（周日）上午9点持续到到下午4点。周六，珠宝店会开放到下午6点。记住：买得越多，省得就越多（我和女儿逛这家珠宝店时，她就是这么告诉我的）。

整个周末，波仙珠宝店都将是人山人海。因此，为了方便大家，5月1日（星期一）至5月13日（星期六），都是股东价格的有效期。在此期间，股东凭会议入场券或账户报告证明自己的股东身份，就可以享受优惠。

周日，在波仙珠宝店外面的大厅，来自达拉斯的著名魔术师、励志演说家诺曼·贝克（Norman Beck）将让观众们神魂颠倒。周六下午，在楼上，两位世界顶尖的桥牌专家鲍勃·哈曼（Bob Hamman）和莎朗·奥斯伯格（Sharon Osberg）将与我们的股东们同场切磋。如果他们建议你赌一把，那还是算了吧。我会在某个时刻下场和他们玩两把，希望阿吉特、查理和比尔·盖茨（Bill Gates）也能加入进来。

周日，我的朋友邢延华（Ariel Hsing）会来到大厅，在乒乓球台前接受各位的挑战。我认识邢延华的时候，她只有9岁，可我仍然一分未得。邢延华曾经代表美国参加2012年奥运会。现在，她是普林斯顿的大四学生（去年暑假还去摩根大通实习过）。如果你不介意丢人，那就找她秀秀自己的球技吧。挑战活动下午1点开始。去年，比尔·盖茨和她打球时表现不错，所以，他很可能会再次挑战她。（我的建议是：赌邢延华赢。）

5月7日（周日），戈瑞餐厅（Gorat's）只对伯克希尔股东开放，服务时间从下午1点到晚上10点。想要预约，请于4月3日（之前恕不接待）拨打餐厅的服务热线：402-551-3733。记得点T骨牛排和土豆饼，让自己显得是个资深美食家。

会议期间，引导问答环节的，仍然是去年那三位财经记者，他们会从股东发去的电子邮件中选出问题，向我和查理提问。这三位记者及其电子邮箱分别是：当代最优秀的商业记者卡罗尔·卢米斯（Carol Loomis），loomisbrk@gmail.com；美国全国广播公司财经频道的贝姬·奎克（Becky Quick），BerkshireQuestions@cnbc.com；《纽约时报》的安德鲁·罗斯·索尔金（Andrew Ross Sorkin），arsorkin@nytimes.com。

从股东们发去的问题中，每位记者会选出6个自己认为最有趣、对股东最重要的问题。三位记者告诉我说，如果股东发去的邮件言简意赅、尽早发信、确保问题与伯克希尔有关、每封邮件不超过两个问题，那么，被他们选中的概率就会很高。（请在邮件中告知记者：如果你的问题被选中，你是否愿意披露自己的姓名。）

还有一组问题，将由追踪伯克希尔的三位分析师提出，他们会和三位记者交叉提问。今年，保险专家是来自巴克莱银行的杰伊·盖尔布（Jay Gelb）。有关非保险业务的问题，将由鲁卡葛投资公司（Ruane, Cunniff & Goldfarb）的乔纳森·伯兰特（Jonathan Brandt）和晨星公司（Morningstar）的格雷格·沃伦（Gregg Warren）提出。我们举行的是一场股东大会，因此，我们希望分析师和记者们提出的问题，可以帮助我们的股东们更好地理解自己的投资，掌握更多的投资知识。

我和查理完全不清楚，有哪些问题在等着我们。肯定会有一些刁钻的问题，我们也喜欢这样。连续发问是不允许的，因为我们希望让尽可能多的提问者向我们开炮。我们的目标是：离开会场时，你对伯克希尔的了解超过你到会的时候；你在奥马哈过得轻松愉快。

总计起来，我们预计会回答至少54个问题，也就是说，每位分析师和记者可以问6个问题，其余18个问题由现场观众提出。提问观众将在会议日上午8点15分通过11次抽签产生。安装于舞台和主会议室外厅的11支话筒，将交给抽签产生的11位提问观众。

说到让我们的股东获得投资知识，我得提醒各位：我和查理都认为，所有股东都应能同时获得伯克希尔发布的最新信息，而且在交易之前拥有充分的时间去消化、分析这些信息。正因为如此，我们才尽量在周五晚上或周六一早就发布财务数据，才会选在周六举行年会（选择这一天还可以缓解交通和停车压力）。

我们没有沿用和大机构股东或分析师一对一谈话的行业惯例，而是将他们和其他股东同等对待。哪怕这位股东的财力有限，但他相信我们，将自己的大部分积蓄交给我们，对于我们来说就没有谁会比他更重要。我每天管理这家公司的时候，我写这封信的时候，我心里装着的，就是这样的股东。

****

出于非常充分的理由，我经常赞美我们公司的运营经理人们所取得的成就。他们是真正的全明星队员，管理自己的企业就像管理自己仅有的家庭资产一样。我还相信，我们的经理人对股东的重视，不亚于任何上市大公司。我们的大多数经理人已没必要为赚钱而工作。打出漂亮的业务“本垒打”，其带给他们的快乐绝不亚于薪水支票。

那些和我一同在公司办公室里工作的先生和女士们也同等重要。这个团队高效地处理来自证管会及其他监管机构的各种要求，填写长达30,450页的联邦所得税报表，监督下属公司填写3,580份州税报表，回应数不清的股东和媒体咨询，编制年度报告，筹备美国最大规模的股东年会，协调董事会的各项活动，查证这封股东信件的各项数据资料——还有很多很多。

他们乐于完成公司的这些工作任务，而且效率高得难以置信，让我可以享受轻松、愉快的生活。他们的付出还不仅限于伯克希尔公司的活动：例如，他们从200多所递交申请的大学中选出40所，让它们选派学生到奥马哈与我一起参加“问答日”活动。他们还处理我收到的各种请求，安排我的旅行，甚至在午餐时帮我买汉堡和薯条（当然得有浓浓的亨氏番茄酱）。此外，他们还乐于帮助我们年会的天才导演卡莉·索瓦（Carrie Sova），一起为我们的股东奉上一个有趣的、开心的周末。他们以为伯克希尔工作为荣，我以他们为荣。

我是个幸运的人，非常幸运地拥有如此优秀的员工、才华横溢的运营经理人团队、精明老练的公司董事。欢迎各位5月6日莅临资本主义的摇篮——奥马哈，见见“伯克希尔帮”。我们所有人都热切盼望诸位的到来。

2017年2月25日

沃伦·巴菲特　董事会主席